O PODER
DE
REALIZAÇÃO
DA
CABALA

IAN MECLER

O PODER DE REALIZAÇÃO DA CABALA

6ª edição

Rio de Janeiro | 2025

DESIGN DE CAPA:
Renata Vidal

CIP-BRASIL. CATALOGAÇÃO NA PUBLICAÇÃO
SINDICATO NACIONAL DOS EDITORES DE LIVROS, RJ

M435p   Mecler, Ian, 1967-
6. ed.   O poder de realização da Cabala / Ian Mecler. - 6. ed. - Rio de Janeiro : BestSeller, 2025.

ISBN 978-65-5712-467-3

1. Cabala. 2. Mudança (Psicologia). 3. Autorrealização (Psicologia). 4. Técnicas de autoajuda. I. Título.

25-96279

CDD: 296.16
CDU: 26-587

Gabriela Faray Ferreira Lopes - Bibliotecária - CRB-7/6643

Texto revisado segundo o novo Acordo Ortográfico da Língua Portuguesa.

Copyright © 2025 by Ian Mecler
Copyright da edição © 2025 by Editora Best Seller Ltda.

Todos os direitos reservados. Proibida a reprodução,
no todo ou em parte, sem autorização prévia por escrito da editora,
sejam quais forem os meios empregados.

Direitos exclusivos de publicação em língua portuguesa para o mundo
adquiridos pela
Editora Best Seller Ltda.
Rua Argentina, 171, parte, São Cristóvão
Rio de Janeiro, RJ – 20921-380
que se reserva a propriedade literária desta obra.

Impresso no Brasil

ISBN 978-65-5712-467-3

Seja um leitor preferencial Record.
Cadastre-se e receba informações sobre nossos lançamentos e nossas promoções.

Atendimento e venda direta ao leitor:
sac@record.com.br

Dedico este livro a você!

AGRADECIMENTOS

Para escrever este livro muitas pessoas foram fundamentais.
Minha mulher, Elizabeth, e nossos filhos, Davi e Jordana, todos essenciais em minha vida.

Meus pais, Abrahão (em memória) e Rosinha, e minha irmã, Katia, que sempre me incentivaram a buscar um algo a mais.

Muitos são os amigos e familiares a quem gostaria de agradecer. Como não há espaço para citar todos, relaciono apenas aqueles que tiveram contato com a obra e fizeram importantes críticas e sugestões: Mario Meir, Luiza Brito, Marcelo Vasques, Sonia Sender e Célia Resende.

Agradeço em especial a toda a equipe do grupo Record, pela competência e pela confiança depositada em meu trabalho.

Finalmente, gostaria de agradecer a você, leitor, que, se tiver um resultado prático para sua vida com a leitura deste livro, me presenteia com o mais precioso retorno que espero desta obra.

SUMÁRIO

Prefácio — 13
Motivação — 15
Introdução — 17

PARTE 1 — QUEM ESCREVE NOSSA HISTÓRIA

O Que Abrange esta Sabedoria — 21
O Mundo dos 10% × o Mundo dos 100% — 23
A Ilusão do Mundo Físico Aparente — 25
O Desejo — 27
O Big Bang da Criação — 31
Nossa Natureza Receptora — 33
Começando a Meditar — 35
Como Meditar nos 72 Nomes de Deus — 37
O Mestre do Zohar: Simeon Bar Yochai — 39

PARTE 2 — ONDE ESTÁ O INIMIGO?

A Teoria das Sementes — 43
O Opositor — 45
O Comportamento Reativo — 49
O Comportamento Contemplativo — 53
O Poder das Palavras — 55
O Mestre das Palavras: Isaac Luria — 59

PARTE 3 — MUNDO DOS 10% × MUNDO DOS 100%

Como Funciona o Mundo dos 100%	63
Os Três Pilares	67
Os Quatro Mundos	69
Os Cinco Níveis de Alma	73
As Dez Dimensões do Mundo dos 100%	75
Quanto Maior o Obstáculo, Maior a Luz Recebida	87
O Mestre da Integridade: Moshe Luzzatto	91

PARTE 4 — TRANSCENDENDO A MENTE

Meditações Cabalísticas	95
O Mestre da Meditação: Abraham Abulafia	105

PARTE 5 — O PODER DE REALIZAÇÃO DA CABALA

A Liberdade	109
Transpondo os Maiores Obstáculos	113
A Realização de uma Vida Significativa	117
O Mestre da Celebração: Baal Shem Tov	120

CONSIDERAÇÕES FINAIS	121
GUIA DE SALMOS	125
APÊNDICE 1 — Astrologia cabalística	151
APÊNDICE 2 — Numerologia	175
APÊNDICE 3 — Os 72 nomes de Deus	181
BIBLIOGRAFIA	193

PREFÁCIO À NOVA EDIÇÃO

Quando lancei *O poder de realização da Cabala*, em 2006, jamais poderia imaginar o impacto que este livro traria, em especial às pessoas interessadas no autoaprimoramento espiritual.

Lembro que na época nenhuma editora aceitava o livro, e diante de tantas negativas, foi necessária uma força extra para seguir adiante com o projeto.

Até que a editora Mauad se interessou pela ideia, e quando lançamos o livro decidimos fazer três mil exemplares, ainda que um pouco receosos de não haver público suficiente para ele. Então veio a surpresa: em apenas três meses era necessário imprimir mais exemplares. Após seis meses, mais exemplares. E assim por diante, o livro se tornou uma obra de relevância para dezenas de milhares de pessoas.

Após alguns anos, passamos os direitos autorais do livro para o grupo Record. Perdi a conta do número de e-mails que recebi de pessoas que diziam ter suas vidas transformadas pelo conteúdo e pela prática do livro. E não há nada que motive mais do que este retorno dos leitores. Movido por esse incentivo, comecei a publicar novos livros.

O fato é que, de forma inesperada, como são as melhores coisas em nossa vida, sem expectativas, o livro acabou se tornando uma grande referência em Cabala. Nossos livros somados já superaram a marca de 300 mil exemplares vendidos.

Hoje, 19 anos depois, decidimos fazer um relançamento, com nova capa, novas atualizações e uma novidade impactante: um guia exclusivo de salmos, para que todos possam injetar muita luz em suas vidas. Os salmos de David foram escritos há três mil anos e são poderosas ferramentas espirituais, de grande utilidade para estes tempos modernos e densos nos quais vivemos.

Enfim, esta nova edição de *O poder de realização da Cabala* vem repleta de luz para iluminar as nossas vidas.

Que seja luz!

Ian Mecler, 16 de fevereiro de 2025

MOTIVAÇÃO

Enquanto vivemos estamos sempre fazendo escolhas. A principal delas é a maneira como encaramos a vida. Escolheremos ser mais um, como um boi em uma imensa boiada? Ou escolheremos viver uma jornada única e especial?

Este livro fala desta segunda possibilidade. Podemos ampliar nossos sonhos e, mais ainda, podemos concretizá-los. Estamos vivos para nos realizar integralmente, em todos os aspectos de nossa vida, e também para conhecer os grandes mistérios da existência.

Os ensinamentos contidos nestas páginas precisam ser experimentados. Leve-os para a prática e tenha certeza de que muita coisa em sua vida irá mudar. Há um novo nível de consciência disponível, e, ao receber e compartilhar estes ensinamentos, despertaremos muitas pessoas para uma nova possibilidade de se viver.

INTRODUÇÃO

Existe uma sabedoria milenar que explica grandes mistérios do universo. Que traz luz às nossas perguntas mais profundas, tais como: quem somos nós? Por que nascemos e morremos? Qual o propósito de nossa existência?

Esta sabedoria revela um sistema para uma vida muito mais plena e com muito menos insatisfações.

Ela ficou oculta por milhares de anos, restrita a um reduzido número de sábios. No entanto, foram preservados textos fundamentais, que descreveram com muita precisão o momento em que vivemos hoje. E apontam para este mesmo momento o início da difusão deste incrível acervo de conhecimento.

O nome desta sabedoria é CABALA.

Uma vez que ela existe, surge então uma pergunta primordial: como é que todo este aprendizado pode influenciar de maneira prática o nosso dia a dia e trazer realização e alegria para nossas vidas?

É esta resposta que obteremos no decorrer desta leitura. No entanto, saiba que este é um texto prático. Os ensinamentos aqui contidos precisam ser experimentados. Não é necessário "acreditar" em nada do que está escrito. Você precisa experimentar e verificar por si mesmo o quão impactante é esta sabedoria.

Parte 1

QUEM ESCREVE NOSSA HISTÓRIA

O DESEJO É O QUE NOS MOVE.

O Desejo é a nossa essência, o que nos move e nos mantém vivos. Existem muitos tipos de desejos: desejo de amar, de ser amado, de viver com conforto, de saúde, de segurança e de liberdade. Todos eles têm em comum a busca da plenitude.

Parte I

QUEM ESCREVE NOSSA HISTÓRIA

O desejo é o que nos move

O Desejo é a força essencial: o que nos move e nos mantém vivos. Independente dos tipos de desejos, busca ou meta de vida, todos que vivem têm em comum, desde o sentido que cada um lhe dá, o fato que estão em constante busca de plenitude.

O QUE ABRANGE ESTA SABEDORIA

A sabedoria da cabala é fundamentada em três livros sagrados que contêm todos os segredos dos mistérios do universo, e que uma vez compreendidos, nos direcionam à realização de uma vida muito significativa. São eles:

- a **Torá** — O Antigo Testamento da Bíblia, também denominada "Os cinco livros de Moisés", o mais codificado de todos os textos;
- o **Zohar** — que antecipou em muitos séculos importantes descobertas da ciência;
- o **Sefer Ietsirá** — um pequeno pergaminho repleto de fórmulas sobre o funcionamento do universo, considerado também o mais antigo livro de astrologia da humanidade.

Esta sabedoria denominada Cabala envolve absolutamente tudo. Primeiramente ela exige de nós uma nova postura em relação à vida, pois, como diziam os antigos mestres, experimentar as poderosas meditações cabalísticas sem um compromisso ético é o mesmo que voar sem asas. É necessário, portanto, que façamos uma escolha. Se a profunda realização pessoal é uma prioridade, precisamos nos dedicar a ela.

E as ferramentas disponíveis que nos ajudam a nos lembrar de quem somos são muitas. Fendas no tempo, rituais, meditações, conexões diárias, enfim, tudo para que os dias não passem repetidos, uns iguais aos outros. Precisamos ter em mente que todo dia pode ser um marco, uma oportunidade de começarmos uma nova etapa em nossas vidas.

O que descobriremos de agora em diante será como transformar toda uma série de ensinamentos milenares em um guia prático para nossa realização pessoal e coletiva.

O MUNDO DOS
10% × O MUNDO DOS 100%

Segundo os antigos cabalistas existe uma substância primordial e infinita, denominada LUZ, que é a origem e satisfação de todos os nossos desejos. O desejo de receber esta luz é a nossa essência e o que nos mantém vivos.

Mas se temos disponível uma infinita fonte de luz e nossa essência é o desejo de receber luz, haveria uma explicação para o fato de tantas pessoas passarem a vida repletas de escuridão e sombra?

Existe uma explicação, já que pelo longo caminho extrafísico pelo qual a luz se propaga, desde sua emanação até chegar aqui em nós, existem dez diferentes cortinas. O mundo físico, dos dez por cento aparentes, no qual vivemos, se encontra após a décima cortina e é, portanto, de onde se tem menor visão da totalidade. Por ficar delimitado por uma cortina passamos a achar que ele é tudo que existe.

Quando surgem os obstáculos em nossa vida, normalmente os enxergamos apenas pela ótica mais aparente. Desta forma estamos vendo apenas a ponta de todo o processo. E fica muito difícil resolver um problema enxergando, no máximo, um décimo de sua totalidade. Surgem então aqueles inúmeros problemas sem solução:

- Minha crise financeira não tem mais saída.
- Minha vida não tem propósito.
- Sou pouco reconhecido em tudo que faço.

- Nunca tive sucesso em minha vida afetiva.
- Estou sempre com uma doença diferente.

Todos estes impasses, situações aparentemente sem solução a que assistimos com frequência em nosso cotidiano, são fragmentos da realidade, de quem enxerga apenas o mundo dos dez por cento.

Quando passamos a enxergar o mundo dos cem por cento, nossa visão se amplia em dez vezes e passamos a identificar um tesouro em cada obstáculo com que nos deparamos. Algo essencial para o nosso crescimento, pois vendo além do puramente aparente é possível entender uma dinâmica muito mais profunda relacionada a tudo aquilo que se apresenta em nosso caminho.

Afinal, quantas coisas já não nos aconteceram, que julgávamos como ruins em um primeiro momento, mas que depois acabamos gratificados pelo engrandecimento que nos proporcionaram?

A ILUSÃO DO MUNDO FÍSICO APARENTE

Vamos experimentar um breve exercício? Coloque em um pedaço de papel as quatro principais coisas que você deseja da vida. Colocou?

Pois então, é muito provável que nenhum dos itens anotados seja um desejo material. Provavelmente você escreveu palavras como felicidade, prosperidade, saúde, segurança, amor, paz de espírito ou liberdade.

A importante revelação por trás deste exercício é que tudo aquilo que mais desejamos na vida não são as coisas materiais. Por que então dedicar toda uma vida a algo que não é prioritário?

A cabala nos mostra que tudo aquilo que acontece no mundo físico tem origem no mundo espiritual. Por isso, não conseguimos resolver nossos problemas utilizando somente os recursos aparentes do mundo físico.

Este mundo físico em que habitamos funciona apenas como um reflexo, um espelho do mundo espiritual e você não conseguirá modificar sua imagem modificando o espelho.

O trabalho de autoconhecimento começa, portanto, na percepção daquilo que os antigos cabalistas chamam de força propulsora do universo: o desejo.

O DESEJO

O Desejo é a nossa essência, o que nos move e nos mantém vivos. Existem muitos tipos de desejos: desejo de amar, de ser amado, de viver com conforto, de saúde, de segurança e de liberdade. Todos eles têm em comum a busca da plenitude.

Todos nós já tivemos momentos de plenitude, e uma vez alcançada não mais nos esquecemos dela. Diferentemente do prazer, que por maior que seja é temporário e muitas vezes vem seguido de frustração, a plenitude nos recarrega e nos move em direção à luz.

Nosso desejo primordial, aquilo que nos mantém vivos, é o desejo de receber. Diferentemente de caminhos que apontam para a necessidade de se viver apenas para compartilhar, o cabalista não considera o desejo de receber nenhum impeditivo para a felicidade. Até porque você precisa ter algo para compartilhar, não é mesmo? Caso contrário você vai compartilhar apenas suas carências, e imagine o que uma pessoa repleta de dúvidas e insatisfações vai compartilhar com os outros?

A grande questão é: no que resultará este desejo de receber? Existem apenas dois desdobramentos para este desejo:

- O desejo de receber para compartilhar — este é o propósito final para tudo que desejamos receber. O que traz equilíbrio e saúde para todos os aspectos de nossa existência.
- O desejo de receber só para si — imagine um equipamento de som. O equipamento recebe energia elétrica da tomada e gera som, que sai por suas caixas. O que irá acontecer se ele

continuar a receber carga elétrica e não transformá-la em som? Certamente entrará em curto-circuito. Quando desejamos receber só para nós mesmos, mas não queremos compartilhar, também entramos em curto-circuito e passamos a não receber mais nada.

Veja então que existe uma grande diferença entre estes dois tipos de desejo: o de receber para compartilhar e o de receber só para si. No primeiro você comprou um carro novo e quer desfrutar de seu uso com a família e com os amigos. No segundo você comprou o carro novo mas não consegue desfrutá-lo nem um pouco, já que seu vizinho comprou um da mesma marca, mas um modelo acima. Em outras palavras, ninguém pode ser tão bom quanto você.

Alguns dos homens mais ricos do mundo aplicam o conceito de receber para compartilhar em seus negócios. Recebem bilhões de dólares por ano, geram milhares de empregos e doam cada vez mais para fundações filantrópicas. E suas empresas continuam crescendo.

Mas é claro que você pode argumentar que conhece uma pessoa muito avarenta, que quer absolutamente tudo só para si, e ainda assim continua enriquecendo. Bem, pode ter certeza de que em outros aspectos da vida dela há um enorme movimento de falência. Provavelmente há uma grande desestruturação em sua área afetiva, na relação com os filhos, ou em sua saúde física e mental. Esta pessoa está sempre carregando uma grande sombra em volta dela.

O desejo de receber só para si é realmente uma doença. Algo que só coloca nossa vida para baixo e por isto temos que combatê-lo a qualquer custo. Pessoas com muito desejo de receber só para si podem às vezes ser ricas, bonitas, famosas, mas estão sempre infelizes, doentes, isoladas.

Sabe aquele ótimo aluno, que está sempre comparando suas notas com as dos colegas, torcendo para que a dele seja a melhor, pode até continuar sendo um ótimo aluno, mas se isola gradativamente. Assim como o gerente que vive subestimando seus subordinados de forma a parecer que foi ele quem fez tudo, um dia acaba desempregado ou doente.

A Cabala nos ensina, portanto, que o único propósito para tudo o que recebemos é o de compartilhar. E é exatamente no equilíbrio destas duas energias primordiais, desejo de Receber e desejo de Compartilhar, que vamos reencontrar a plenitude que tanto procuramos.

O BIG BANG DA CRIAÇÃO

O Zohar, manual de vida essencial do cabalista, descreve que antes de tudo existir havia somente uma substância primordial denominada Luz. Ela preenchia tudo, de forma que ainda não havia os conceitos de espaço e tempo. E tudo que esta luz preenchia era conhecido como Receptor.

Este receptor recebia a luz do mundo infinito e também todas as suas características, como um filho que herda as características genéticas de seus pais. Assim como nós recebemos do sol o seu calor e sua energia vital, este receptor herdou a principal característica do emanador: o desejo de compartilhar.

Mas com quem o receptor poderia compartilhar? O receptor não desejava mais receber esta luz de forma passiva. Precisava obter a luz por mérito próprio. Assim como o menino que recebeu tudo de seus pais em sua infância, mas que agora está crescido e precisa realizar-se através de seu próprio esforço.

Então, há bilhões de anos o receptor produziu uma resistência ao recebimento desta luz. A luz foi se condensando continuamente, em um movimento de contração, denominado TsimTsum, até se tornar um único ponto e irromper numa enorme explosão. Foram criadas então as estrelas, os planetas e toda a matéria do universo, fragmentada nos reinos mineral, vegetal e animal.

O Zohar descreveu todo este processo com incrível precisão há dois mil anos, quando os cientistas não sabiam nem ao menos que a terra era redonda. Mas o mais importante nesta revelação do Zohar não era antecipar qualquer futura descoberta científica, e sim revelar o

O poder de realização da Cabala

propósito desta fragmentação, que foi o desejo do receptor de também compartilhar. Por isso o desejo de receber só para si é tão perigoso, pois ele vai contra o nosso propósito original.

NOSSA NATUREZA RECEPTORA

O Zohar descreve que a percepção de nossa natureza receptora é a base de todo o trabalho cabalístico. Normalmente rezamos para Deus pedindo proteção, e que "Ele" atenda aos nossos inúmeros desejos. Mas será que é assim mesmo que funciona?

Na verdade, tudo de que precisamos nesta vida já foi emanado. O eterno já emanou e continua emanando absolutamente tudo que existe no mundo físico. A grande questão é o que nós escolhemos receber.

Por exemplo, ao sintonizar um rádio você pode escolher uma estação de música clássica, uma estação de rock, ou mesmo uma faixa de ruído. Assim acontece com os eventos de nossa vida. Somos responsáveis pelo que nos acontece, pois somos nós que sintonizamos o que iremos receber. O problema é que raramente esta sintonia é feita de maneira consciente.

Mas o fato é que esta consciência de sintonia é transformadora. E se aplica a todo e qualquer exemplo. Você saiu de carro e alguém lhe deu uma tremenda fechada. Aí você teve uma discussão séria com aquele sujeito e dali seu dia acabou. O que você tem a ver com isso? Absolutamente tudo. As primeiras perguntas que podem ser feitas são:

- Por que ele fechou você e não um outro carro qualquer?
- De que adiantou toda aquela discussão, depois do fato já estar consumado?

Por isso precisamos trabalhar nosso receptor e abrir espaço para receber toda a luz que está disponível para nós. E uma das maneiras mais eficientes de configurar o nosso receptor é por meio da prática da meditação.

É na percepção de que você é quem sintoniza todo e qualquer acontecimento em sua vida que se encontra o início de uma grande revolução pessoal e a libertação de um estado de escravidão.

COMEÇANDO A MEDITAR

Milhares de pessoas em todo o mundo vêm experimentando os resultados das meditações cabalísticas e existem depoimentos realmente impressionantes sobre os efeitos obtidos a partir da contemplação de letras sagradas.

O trabalho do Dr. Artur Spokojny, cardiologista, diretor assistente do Catheterization Center no New York Hospital, é mundialmente reconhecido. Ele já obteve incríveis resultados usando a meditação cabalística com seus pacientes. Ele explica:

> "Em minha opinião, o corpo humano é como um computador. Assim como qualquer computador, ele requer um sistema operacional para funcionar adequadamente. Quando um computador se torna corrompido, você tem que reinstalar o sistema operacional. Algumas vezes você aplica um programa antivírus para limpar o sistema. O mesmo princípio está ocorrendo aqui. Escanear e meditar sobre as letras hebraicas é como fazer um download e reinstalar um novo sistema operacional no corpo."

Este é apenas um entre muitos e surpreendentes depoimentos sobre as experiências obtidas através da meditação denominada 72 nomes de Deus. Esta poderosa meditação é derivada do texto bíblico que narra a saída de Moisés e seu povo do Egito, mais precisamente do trecho que narra o milagre da "abertura do mar".

Ela foi obtida pela permutação de três parágrafos desta passagem, e foi a ferramenta utilizada por Moisés para iniciar o processo de liberdade de um povo. Deve ser utilizada, portanto, para iniciarmos também nossa saída de um mundo escravo e limitado pelo aparente. No Apêndice 2 você encontrará uma explicação mais detalhada do processo pelo qual esta meditação foi obtida.

Embora muito eficaz, a meditação nos 72 nomes precisa ser feita com persistência. Para quem não tem o costume de meditar o começo pode parecer estranho, mas com o tempo surgem resultados e ela acaba tornando-se parte de sua rotina.

Imagine seu primeiro dia em uma academia de ginástica. O corpo está desabituado a fazer força, os aparelhos parecem muito estranhos e no final você fica todo dolorido. No entanto, conforme você persiste, seu corpo fica muito mais saudável e os resultados passam a justificar plenamente o esforço realizado. Depois de um tempo deixa de ser esforço e vira prazer. Pois o mesmo acontece com a prática da meditação.

COMO MEDITAR NOS 72
NOMES DE DEUS

Para praticar esta meditação você precisará utilizar a folha seguinte, repleta de letras sagradas. Estas não são letras hebraicas comuns. São letras utilizadas para propósitos específicos de contemplação.

Pode ter certeza de que você não precisa saber uma única palavra de hebraico para que esta meditação tenha efeito. Até porque estas sequências de letras não formam palavras específicas. A cabala nos ensina que nossa alma reconhece a forma destas letras porque elas estão relacionadas aos elementos-chaves da criação.

Sente-se primeiro em uma posição confortável, em um ambiente o mais silencioso possível. É muito difícil meditar com uma televisão alta ou com crianças gritando por perto. Por isso é importante escolher um momento adequado.

Comece então a escanear as letras, da direita para a esquerda. Ao encerrar uma linha, passe para a de baixo. Para cada sequência de três letras faça uma respiração completa (uma inspiração e uma expiração). Serão ao todo 72 respirações.

O processo de escanear as sequências de três letras consiste em passar o olho nelas, concentrando-se mais no contorno branco em volta das letras em preto. Esta meditação pode e deve ser feita diariamente. Evite apenas uma ansiedade por resultados imediatos, pois como acontece com qualquer outra atividade regular, os resultados surgem naturalmente com o tempo.

O poder de realização da Cabala

כהת	אכא	ללה	מהש	עלם	סיט	ילי	והו
הקם	הרי	מבה	יזל	ההע	לאו	אלד	הזי
וזהו	מלה	ייי	נלך	פהל	לוו	כלי	לאו
ושר	לכב	אום	ריי	שאה	ירת	האא	נתה
ייז	רהע	וֹעם	אני	מנד	כוק	להח	יוז
מיה	עֹשֹל	ערי	סאל	ילה	ווֹל	מיכ	הההֹ
פוי	מבה	נית	ננא	עמם	הוֹש	דני	והו
מוזי	ענו	יהה	ומב	מצר	הרח	ייל	נמם
מום	היי	יבמ	ראה	וזבו	איע	מנק	דמב

Os 72 nomes de Deus são uma poderosa meditação cabalista que deve ser feita diariamente e nos ajuda a enxergar o mundo dos cem por cento.

O MESTRE DO ZOHAR: SIMEON BAR YOCHAI

No final do século I o Império Romano ocupou a terra de Israel e sua população foi dizimada. Um dos maiores cabalistas da história, Simeon bar Yohai, foi então sentenciado à morte pelo imperador romano Trajano.

Ele teve que se esconder em uma caverna em Peki'in, Israel, onde permaneceu 13 anos, junto a seu filho. Durante esse período Simeon se tornou um homem etéreo e recebeu, sob orientação do profeta Elias, as informações que compõem o Zohar.

Quando o imperador finalmente morreu, eles abandonaram o esconderijo, e o rabino Simeon logo juntou um grande número de discípulos, transmitindo ensinamentos com base na unicidade de todas as almas com o divino. Seus discípulos registraram todos os seus ensinamentos escrevendo o Zohar, reconhecido como uma das principais referências de conhecimento sobre a Cabala.

Os manuscritos foram ocultos após a morte de Simeon. Mas ele era um profeta e havia escrito no próprio Zohar que este período de ocultação duraria 1.200 anos, a partir da destruição do Templo Sagrado em Jerusalém.

Em 1270, exatos 1.200 anos mais tarde, o texto foi encontrado em uma caverna pelos árabes que residiam na área. Foi reconhecido por um cabalista chamado Moses Deleon, que havia comprado um peixe embrulhado naquele papel de incalculável valor. A partir daí o Zohar começou a ser revelado para o mundo.

Parte 2

ONDE ESTÁ O INIMIGO?

Os defeitos que enxergamos nos outros são na verdade nossos próprios defeitos.

Vivemos em um mundo em que sempre o culpado é alguém. O culpado é o chefe, o esposo, a sociedade, o vírus, a bactéria. A maioria dos defeitos que observamos nos outros são na verdade nossos próprios defeitos.

PARTE 2

A TEORIA DAS SEMENTES

Existe uma importante teoria cabalística denominada Teoria das Sementes. Ela nos revela que tudo que experimentamos em nossas vidas teve origem em uma semente. Assim como os seres vivos nascem de sementes, as situações com as quais nos deparamos também nascem de sementes plantadas em algum momento. Vamos ver alguns exemplos da aplicação prática da teoria das sementes.

Se o seu casamento não vai bem, e em vez de tentar consertá-lo, com viagens, conversas, bons programas ou o que mais possa ajudar, você arranja uma amante e passa a ignorar cada vez mais sua mulher, é claro que em algum momento o casamento irá ruir.

Se você passa por sérios problemas emocionais e em vez de procurar uma ajuda efetiva, passa a se drogar, é óbvio que estará cavando mais adiante o buraco de uma enorme depressão.

Se você está cada vez mais sedentário, se alimenta de maneira descuidada e vive com medo de enfrentar a balança, é claro que em algum momento sua saúde e também sua autoestima desmoronarão.

Por isso precisamos ter a consciência de que a todo momento estamos plantando sementes em nossas vidas. Sementes de relacionamentos, profissionais, de saúde, enfim, sementes de todo tipo.

No entanto, plantar boas sementes não garante nenhum sucesso a curto prazo. É até comum começarmos a fazer ações positivas, para nós e para os outros, e dias depois tudo começar a dar errado em nossas vidas. Aí pensamos: De que adianta praticar o bem se tudo dá errado para mim?

Por isso é necessário ter em mente uma variável chamada tempo, que distancia, às vezes mais, às vezes menos, os efeitos de suas causas. E muitas vezes é difícil entender os mecanismos relativos do tempo.

Tenho um aluno que há mais de vinte anos se separou da mulher e dos filhos e casou com outra mulher, de personalidade muito difícil. Nessa época ele ganhou muito dinheiro e tornou-se um homem rico. Seu desejo de receber para si mesmo era muito grande, assim como o de sua nova esposa.

Vinte anos depois ele se encontrava em séria crise financeira, tendo problemas básicos de subsistência e sofrendo de depressão. Ele não entendia o porquê disso tudo estar acontecendo com ele. Passou então a adotar aquele conhecido discurso de que a vida não valia a pena, que era um injustiçado, um pobre coitado.

A teoria das sementes ajudou-o a ver sua situação de maneira mais clara. Ele percebeu a qualidade das sementes que havia plantado. No auge de seu sucesso profissional ele mudou de área a passou a abrir novos empreendimentos. Todos foram dando errado, um após o outro. Até que suas reservas se esgotaram e ele empobreceu. Como só enxergava o mundo dos dez por cento, ao perder o dinheiro, ele se sentiu vazio e acabou perdendo várias outras coisas, entre elas a autoestima.

A consciência desse processo foi o início de uma nova maneira de enxergar a vida e seu acesso ao mundo dos cem por cento, onde sempre existe a possibilidade de um recomeço. A primeira nova semente que ele plantou foi a de compartilhar. E compartilhar é o melhor remédio antidepressivo jamais inventado.

É o primeiro princípio cabalístico funcionando novamente: O que você faz com o seu desejo de receber? Compartilha ou retém só para si mesmo?

O OPOSITOR

Há milhares de anos os sábios cabalistas identificaram um adversário que acompanha todo e qualquer ser humano por toda a sua existência. Uma espécie de inimigo permanente, poderoso, equipado com diversas armas, e que está sempre nos dando aquele tipo de conselho:

Tome mais uma dose de uísque. Só mais uma não vai fazer diferença!

Deixe as férias com a família para depois, se mate de trabalhar, mas compre aquele carro dos seus sonhos.

Primeiro se cure de todos os seus problemas para depois começar a fazer algo pelo outro.

Este inimigo utiliza-se de diversos disfarces e é muito importante identificá-los. Antes de mais nada, tenha certeza de que ele aparece assim, que você nasce e o acompanha até seu último suspiro. A esta altura você já deve ter descoberto onde seu inimigo mora, certo?

As pessoas intuitivamente têm a noção de sua presença e denominam-no de nomes nada bonitos, tais como Capeta, Diabo, Demo e Satanás. O nome utilizado na cabala para descrevê-lo é Satã. E é na compreensão do significado desta palavra em hebraico que descobrimos que embora muito destrutivo ele não é de todo mal.

O significado da palavra Satã em hebraico é obstáculo. E o cabalista entende que os obstáculos são parte necessária e fundamental para o nosso aperfeiçoamento. Existe um outro nome, talvez mais adequado, para denominar este opositor inseparável: contrainteligência.

O poder de realização da Cabala

A presença da contrainteligência em nossa vida está diretamente relacionada as nossas tendências autodestrutivas. Uma parte nossa que quer nos prejudicar em vez de ajudar e que nos faz viciar em hábitos que sabemos nos prejudicar por completo.

Um dos grandes artifícios da contrainteligência é o implante da dúvida em seus pensamentos, misturando dúvidas com verdades de forma a tornar seu caminho nebuloso. Você pensa estar tomando uma decisão correta quando na verdade se engana. Você diz sim quando sabe que deveria estar dizendo não e você diz não quando sabe que deveria estar dizendo sim.

Assim, se você é obeso e está fazendo uma dieta, o opositor começa a sussurrar em seu ouvido: "Chega disto, você era mais feliz comendo à vontade. Uma fatia de torta com sorvete não vai fazer mal. Só hoje."

Surgem então duas opções. Na primeira você cede a estes conselhos e sai da dieta, optando por um prazer imediato, que será seguido de frustração e duras consequências. Na segunda opção você resiste, e para tal precisa lembrar que muito maior que aquele prazer a curto prazer é o seu propósito de vida. Ao aplicar esta resistência você absorve muita luz. Uma luz que vai além de você.

Este é o principal motivo pelo qual esta contrainteligência existe. Esta é a sua função. Se ela não existisse haveria uma monotonia imensa em nossas vidas.

Imagine-se vivendo em total equilíbrio e sem nenhum obstáculo. Você morando em um belo apartamento na cidade, passando os fins de semana em sua linda casa de campo, com uma considerável reserva financeira no banco. Sua vida afetiva sempre estruturada e você com todo o tempo do mundo disponível para o lazer.

Experimente viver um ano nessas condições. É insuportável. Precisamos de desafios, precisamos vencer nossas batalhas diárias, os diversos obstáculos que surgem em nossos caminhos. Precisamos da escolha, de dizer não à voz atraente e promissora do opositor, que está sempre instigando nossa vaidade e nosso desejo de receber só para si.

São estas pequenas vitórias nos confrontos do dia a dia que nos fazem crescer e nos tornar seres luminosos. A cada batalha em que vencemos esta contrainteligência recebemos muita luz, e quanto maior o obstáculo maior é a luz recebida. Mas precisamos identificar o movimento da contrainteligência para assim estar sempre nos antecipando a ela.

O COMPORTAMENTO REATIVO

O comportamento reativo é o grande recurso lançado pela contrainteligência para distanciá-lo da luz. Ele é baseado naqueles conhecidos conselhos populares:

Não leve desaforo para casa.
Olho por olho, dente por dente.
Bateu, levou.

Todos eles são uma grande furada. Você reage na hora, naquele momento se sente um pouco melhor, mas posteriormente se sentirá muito pior e ainda terá de lidar com as consequências de sua ação reativa.

O comportamento reativo segue uma sequência básica. Ao se deparar com um obstáculo você reage de imediato e sente um resultado aparentemente positivo. Talvez se sinta até mesmo aliviado, mas depois terá que lidar com consequências destrutivas. O que não faltam são exemplos deste tipo de comportamento em nosso cotidiano.

Quando lecionava no departamento de informática da PUC-Rio, havia um professor muito jovem e carismático que era muito meu amigo. Um dia o coordenador do curso, vendo-o no pátio de bermuda, abordou-o e lhe passou um sermão, dizendo que aquela não deveria ser a postura de um professor.

No calor de seus 20 anos de idade, o jovem professor imediatamente lhe respondeu, utilizando uma série de argumentos reativos, muito embora fossem coerentes. Disse-lhe que a temperatura naquela época beirava os 42 graus, que todos os alunos também iam de bermuda para a aula, e por fim que aquela bermuda era muito mais elegante do que a calça de malha que o coordenador usava naquele momento. De fato o coordenador trajava uma calça esportiva velhíssima. Um farrapo.

No dia seguinte o jovem professor foi chamado à secretaria do curso e "convidado" a se afastar. Muitos alunos protestaram, mas o desfecho foi realmente o seu afastamento.

A ação reativa do jovem professor lhe tirou o emprego e importantes relacionamentos que ele mantinha com os demais professores e alunos. E como são fartos exemplos como este em nosso cotidiano!

Quantas pessoas já não ficaram anos sem falar com um querido parente devido a uma discussão em que agrediram um ao outro por mero impulso reativo?

Quantas situações de violência urbana não ocorrem diariamente devido a uma discussão no trânsito que podia ser facilmente evitada?

Quantos casais não destroem seus casamentos apenas por fomentar pequenas discussões e desavenças diárias, movidas puramente pelo comportamento reativo?

Existe uma história que ilustra muito bem a essência do comportamento reativo:

> Havia um pequeno menino, que estava passeando com seus pais. Ele então pergunta ao pai:
> — Pai, como as guerras começam? O pai responde:
> — Meu filho, havia disputas entre diferentes reinos, como os romanos e os persas.
> — Não houve disputa entre os romanos e os persas — retrucou a mãe.

— Será que você não entende que eu só queria dar um exemplo para o menino? — disse o pai, visivelmente irritado.

— Por que então não dá um exemplo correto? Você só consegue colocar coisas erradas na cabeça do menino — respondeu a mãe de forma áspera.

— Muito pior é você, que não faz nada na vida nem consegue ensinar algo para ele. Faz tudo para transformá-lo em um fracassado — reagiu o pai.

A esta altura o filho respondeu a ambos:

— Muito obrigado. Já entendi como começam as guerras.

Esta é a essência da guerra. A guerra entre os países, entre as pessoas e também a guerra interna. Todas têm em comum o comportamento reativo. É a voz da contrainteligência, novamente, estimulando-nos a jogar nossa vida para baixo. Impelindo-nos a plantar uma série de sementes destrutivas que vão gerar efeitos devastadores em nossa vida.

Mas a reatividade de uma pessoa não é medida apenas por seus impulsos exteriores. Muitas vezes nos defrontamos com uma pessoa extremamente pacífica, de fala mansa, aparentemente equilibrada, mas que contraiu uma séria doença no fígado, por exemplo. É uma outra forma da reatividade, também muito comum, mas que se volta para dentro.

Neste caso, em vez de reagir e procurar a discórdia com o outro, você guarda tudo aquilo dentro de si. Mas como o sentimento de raiva é o mesmo e a maneira de encarar a situação é a mesma, o efeito destrutivo se direciona para dentro de você. E assim surgem doenças devastadoras.

Experimente mudar-se para uma caverna no Himalaia e pode ser que consiga passar algum tempo sem sentir este impulso reativo. Mas assim que voltar, no primeiro engarrafamento sob um calor de 40 graus, certamente voltará a senti-lo. A questão é: o que fazer com este impulso reativo?

O poder de realização da Cabala

Felizmente a sabedoria da cabala bolou um eficiente antídoto para todo o mal provocado pelos efeitos do comportamento reativo. Uma maneira totalmente diferente de lidar com os obstáculos e de driblar os ardilosos recursos da contrainteligência. Ela se chama comportamento contemplativo.

O COMPORTAMENTO CONTEMPLATIVO

Na maneira contemplativa de agir há uma mudança significativa na situação. Ao se deparar com o obstáculo, você se contrai, evitando a reação impulsiva, e injeta luz naquela situação, passando a tomar as rédeas do problema. A ação resultante não será apenas uma resposta instintiva e animal. Agora você está agindo acessando toda a luz do mundo dos 100% e não apenas com aquela visão fragmentada e limitada do mundo dos 10%.

Se aquele jovem professor universitário tivesse respondido àquele mesmo obstáculo de maneira contemplativa, ao receber o sermão do coordenador ele ouviria aquilo com atenção, respirando muito bem e lembrando sempre de seus propósitos maiores. Mais tarde procuraria uma meditação adequada àquela situação. Ele perceberia então se o coordenador estaria expressando puramente sua negatividade em cima dele ou se ele próprio não poderia estar vendo as coisas de maneira distorcida. Após uma noite bem-dormida, agendaria um horário com o coordenador e expressaria gentilmente sua maneira de pensar.

O efeito posterior de sua ação contemplativa seria a provável permanência no emprego, permitindo a ele prosseguir no exercício de sua vocação e de sua necessidade de compartilhar.

O entendimento mais importante no exercício do comportamento contemplativo está na percepção de que quanto maior for o obstáculo com o qual nos deparamos maior será a nossa vontade de agir reativamente. E assim mais resistência terá que ser aplicada.

> **O COMPORTAMENTO REATIVO**
>
> 1. Surgimento do obstáculo
> 2. Ação reativa
> 3. Resultado imediato
> 4. Efeito destrutivo posterior (causa → efeito)

> **O COMPORTAMENTO CONTEMPLATIVO**
>
> 1. Surgimento do obstáculo
> 2. Contração injetando luz na situação
> 3. Ação sob influência da luz
> 4. Efeito posterior construtivo (causa → efeito)

Resistir implica em criar uma nova etapa no processo. Inserir uma respiração, uma meditação, uma oração, enfim uma ferramenta do mundo dos cem por cento.

Por isso a maneira contemplativa de agir é uma das maiores preciosidades do aprendizado da cabala. Como qualquer aprendizado novo, ela exige um esforço muito grande, principalmente no início, mas com o tempo se torna um modo de vida, gerando muita luz para quem a pratica.

Existe, no entanto, um modo específico do comportamento reativo para o qual o cabalista dá especial atenção. Algo que possui um enorme poder, mas que as pessoas em geral não se dão conta. Este algo chama-se o mau uso da palavra.

O PODER DAS PALAVRAS

A percepção do poder que emana de cada palavra que pronunciamos e ouvimos é por si só a base de uma imensa revolução pessoal. Passamos a maior parte da vida falando qualquer coisa que nos venha à mente. E a pergunta que precisa ser feita é: quem é que está no controle destas palavras?

Com certeza um dos maiores recursos utilizados pela contrainteligência é a expressão da palavra negativa. Uma palavra com poder real de destruição, que é denominada na língua hebraica Lashon Hará, podendo também ser traduzida como maledicência.

A quase totalidade das pessoas pratica o Lashon Hará diariamente e experimenta os indesejáveis efeitos desta prática. Ela se apresenta sob diversas formas. A mais conhecida é quando uma pessoa fala para uma segunda sobre aspectos negativos de uma terceira pessoa. São profundos ferimentos na alma, envolvendo neste caso:

1) **Quem fala**. Expressando negatividade atrai para si a mesma negatividade.
2) **Quem ouve**. Ao ouvir recebe toda aquela negatividade destrutiva.
3) **Quem é falado**. Aquele que não ouve mas sente e se enfraquece.

Este tipo de Lashon Hará é comum e aparece sob muitas maneiras disfarçadas, mas não por isso menos nocivas. Por exemplo, quando você chega para um amigo e começa a falar mal dos políticos que nos governam, você realimenta sua negatividade, a de seu amigo e a daqueles que exercem a função de governantes.

Experimente inserir a contração, principal ferramenta do comportamento contemplativo, e mesmo que o governante seja desonesto, se seu comentário não tiver um caráter construtivo, simplesmente não o faça. Algo significativo começará a mudar na realidade em sua volta.

Mas existem outros tipos de Lashon Hará, também nocivos e mais difíceis de identificar. Aquele em que você vive lamentando sobre si mesmo para os outros:

"Coitadinho de mim, estou sempre doente." "Trabalho tanto e vivo sem dinheiro."

"Faço tudo pelos outros, mas ninguém faz nada por mim."

Neste caso são apenas duas pessoas feridas, você e quem ouve você, mas o efeito sobre suas vidas é igualmente devastador.

Um terceiro tipo de Lashon Hará é quando você ouve a maledicência de um outro. Você liga para sua mãe e pergunta: "Como vão as coisas, mamãe?" E ela lhe responde: "Tudo muito mal, meu filho. Estou com esse e aquele problema. O síndico do prédio não vale nada etc. etc..."

Seja seu vizinho, seu amigo de infância ou seu parente mais querido, quando sentir que seu próximo começa a despejar negatividade em seus ouvidos, experimente correr dali e estará fazendo uma ação nobre para ambos.

No curso de cabala que leciono, costumamos experimentar um exercício bastante interessante. Passamos uma semana inteira sem falar mal dos outros, sem nos lamentar e evitando ao máximo ouvir a negatividade alheia. Ou seja, abolindo o Lashon Hará de nossas vidas.

Não se pode dizer que seja uma tarefa fácil. Na verdade, é quase impossível cumpri-la rigorosamente. Mas a recomendação é que se uma vez ou outra escapar, ninguém deve desanimar. Basta manter o foco no exercício e seguir adiante. O resultado final deste exercício produz significativas transformações em muitas pessoas, uma vez que quando começamos a focar na qualidade das palavras que pronunciamos e no tipo de Lashon Hará que nos enquadramos com mais frequência, despertamos para uma nova consciência e uma nova maneira de olhar para o mundo a nossa volta.

O MESTRE DAS PALAVRAS: ISAAC LURIA

Isaac Luria foi um grande mestre de uma época e de um lugar muito especiais na história da cabala. Seus ensinamentos despontaram em Safed, em meio a uma inesquecível comunidade de homens místicos e devotos. Em um ambiente de sublime harmonia, a dedicação à vida espiritual vinha em primeiro lugar.

Em 1570, neste ambiente de devoção e santidade, chegou à cidade Isaac Luria. Conta-se que o pai do Ari (também era assim chamado devido a uma permutação do nome Rav Isaac Ashkenazi) teria sido visitado pelo profeta Elias antes de seu nascimento e avisado que aquele menino revelaria o vasto conhecimento da cabala para o mundo.

Antes dos 18 anos já estudava cabala. Foi quando ele observou um viajante na sinagoga, lendo as orações num manuscrito com interpretações cabalísticas. Isaac Luria abordou-o e descobriu que aquele pergaminho continha o raríssimo texto do Zohar. Implorou até que o desconhecido concordou em vendê-lo.

Luria retirou-se em isolamento e estudou-o por cerca de dez anos. Praticando diversos e longos jejuns ele teve várias revelações. Podia ler pensamentos, ver o futuro e passado como se fossem presente. Regressou à comunidade e passou a transmitir suas ideias, sempre oralmente, estabelecendo uma série de exercícios de concentração baseados na contemplação das letras e em orações. A comunidade de Safed amava-o profundamente, não apenas por seus ensinamentos, mas porque ele era um homem generoso, amável e que não ousava ferir nem mesmo um inseto.

Parte 3

MUNDO DOS 10%
×
MUNDO DOS 100%

Bem-vindo ao mundo dos cem por cento

Quando enxergamos apenas a dimensão do mundo físico ignoramos noventa por cento da totalidade e desprezamos as sementes formadoras de toda a realidade. É como tentar mudar a imagem refletida em um espelho, sem modificar a imagem original.

O poder de realização da Cabala

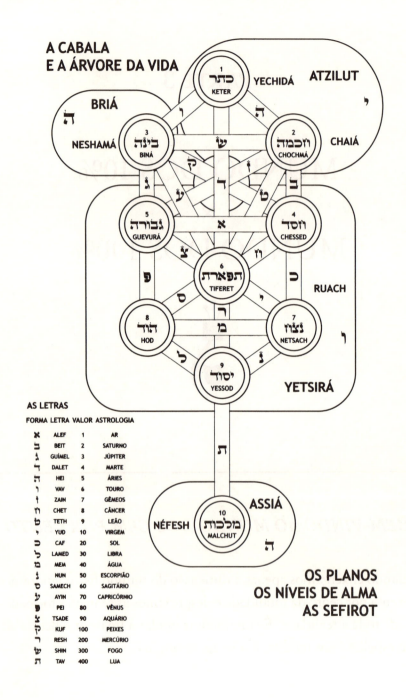

COMO FUNCIONA O
MUNDO DOS 100%

Logo no início da Bíblia encontraremos a descrição de todo o processo da criação de nosso planeta até o momento da chegada de uma consciência, também denominada consciência adâmica. Este momento é datado em aproximadamente 5.765 anos atrás.

A partir daí é contada a história da evolução de um grupo de homens, que não são mais apenas macacos evoluídos. Um tipo de homem que passa a carregar uma nova qualidade de alma. E que provoca modificações expressivas no planeta.

De fato, se pesquisarmos os registros históricos, veremos que a evolução individual e social que tivemos nos últimos cinco mil anos foi incomparavelmente maior do que a registrada nos cinquenta mil anos anteriores. Uma evolução que se dá como uma espiral, e que se acelera. Somente nos últimos cem anos tivemos uma evolução mais significativa do que a dos mil anos anteriores. E é assim que chegamos hoje a uma etapa muito especial e peculiar do processo evolutivo.

A leitura desta parte da Bíblia descreve o processo da chegada desta consciência ao planeta. É uma leitura bastante codificada e só pode ser compreendida com o acervo de conhecimento da cabala.

Entre os diversos códigos contidos na passagem de Adão e Eva no jardim do Éden encontramos duas diferentes árvores. Uma, chamada árvore da penetração do bem e do mal, e a outra, árvore da vida.

A árvore da penetração do bem e do mal representa a visão fragmentada que nos faz enxergar o mundo físico, o mundo dos dez por cento, completamente separado do mundo dos outros noventa por cento.

Nesta qualidade de consciência passamos a acreditar que a realidade física é diferente da realidade espiritual. Aí você diz: "No dia em que eu me realizar em minha vida material vou me dedicar à vida espiritual." E acontece que este dia nunca chega, porque é impossível consolidar um mundo sem a percepção do outro.

Já a segunda árvore, a árvore da vida, vem a representar o mundo dos cem por cento, uma consciência que nos permite identificar o mundo físico como parte integrada a um todo muito maior.

Assim, quando estudamos a árvore da vida, podemos entender como somos alimentados pela luz, substância primordial e infinita, que é a origem e satisfação de todos os nossos desejos.

Mas precisamos lembrar que no longo caminho extrafísico pelo qual esta luz se propaga, desde sua emanação até chegar aqui em nós, existem dez diferentes cortinas. O mundo físico, dos dez por cento aparentes, no qual vivemos, se encontra após a décima cortina e é, portanto, onde se tem menor visão da totalidade. Por ficar delimitado por uma cortina passamos a achar que ele é tudo que existe.

Desta forma, quando surgem os obstáculos e os enxergamos apenas pela ótica mais aparente, estamos vendo apenas a ponta final de todo o processo. Mas você não acha que fica muito difícil resolver um problema enxergando apenas um décimo de sua totalidade? E é assim que surgem aqueles inúmeros problemas sem solução:

- Nunca me realizei profissionalmente.
- Jamais encontrei um amor verdadeiro.
- Minha vida não tem qualquer propósito.

Todas estas situações aparentemente sem solução são visões fragmentadas da realidade, de quem enxerga apenas o mundo material dos dez por cento.

Quando passamos a enxergar a totalidade, ou seja, o mundo dos cem por cento, nossa visão se amplia em dez vezes e passamos a identificar um tesouro em cada obstáculo com o qual nos deparamos. Algo essencial para o nosso crescimento, pois, vendo-se além do aparente, torna-se possível entender a profunda dinâmica relacionada a tudo aquilo que se apresenta em nosso caminho.

Na página seguinte apresentamos um diagrama da árvore da vida que é atualmente o mais utilizado pelos cabalistas de todo o mundo. Este diagrama deriva de Isaac Luria, expoente da sabedoria cabalística do século XVI. Existem, no entanto, diagramas alternativos muito anteriores a este, como o de Abraham Abulafia, no século XIII.

OS TRÊS PILARES

O primeiro entendimento da árvore da vida é obtido pela observação de seus três pilares:

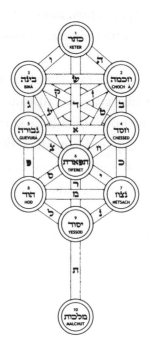

- **O pilar da esquerda** representa o desejo de receber, característica essencial de tudo que se manifesta no universo.

- **O pilar da direita** representa o desejo de compartilhar, característica que nos aproxima do criador. É o exercício deste pilar que nos equilibra física, mental e emocionalmente.

- **O terceiro pilar** traz uma reveladora inovação ao pensamento dual tradicional, presente em diversas outras doutrinas. O pilar central representa a restrição, que é uma pausa necessária entre o desejo de receber e o desejo de compartilhar, entre o estímulo e a reação.

Precisamos entender melhor a palavra restrição, uma vez que normalmente a temos como algo negativo, que vai contra a nossa liberdade. Na verdade, apenas nós, seres humanos, temos esta capacidade de restrição e, por consequência, a possibilidade de transcender nossos instintos.

Diferentemente da cultura expoente dos anos 1970, que pregava a liberdade através da liberação dos instintos, o cabalista percebe a liberdade exatamente na possibilidade de se exercer restrição em seus instintos. Isto porque a expressão imediata de todas as nossas reações instintivas nos torna muito mais escravos do que seres realmente livres.

A prática do Lashon Hará, a palavra negativa, também funciona com base na ausência de restrição. Por exemplo, se uma pessoa ao pensar em se lamentar, seja de uma doença, de falta de dinheiro, ou de qualquer outra coisa, insere uma pausa, acaba não transformando este pensamento em palavras.

A restrição, ao ser aplicada, abre espaço para a injeção de luz, e sempre que nos preenchemos de luz não precisamos mais nos expressar de forma negativa.

Todavia, esta mecânica não funciona apenas para as coisas negativas. Se você recebe um imenso elogio de alguém e não realiza um movimento mínimo de restrição, muito provavelmente este elogio se transforma em um sentimento de vaidade ou orgulho, o que também não o levará a grandes lugares.

OS QUATRO MUNDOS

O diagrama da árvore da vida nos apresenta então uma segunda e preciosa informação, sobre os quatro mundos que existem em paralelo. Explicaremos a seguir cada um deles, começando do plano onde a luz é mais sutil e terminando no plano no qual a luz se transforma em matéria.

O primeiro deles é Atzilut, **o plano da emanação**, onde tudo é emanado para posteriormente ser criado, formado e materializado. Na verdade, não temos acesso direto a este mundo, e de certa forma, acreditar que Deus estará emanando as situações com as quais iremos nos deparar em função do que pedimos é algo que realmente não faz muito sentido. Até porque nem sempre sabemos o que de fato é o melhor para nós.

O que fazemos ao meditar, ao agir contemplativamente, ou ao recitar uma oração é basicamente configurar nosso receptor para receber tudo aquilo que já foi emanado pelo criador. A nossa alma gêmea, o nosso sucesso profissional, também nossos maiores problemas, tudo isto foi emanado. O que um cabalista com muita experiência pode fazer, no entanto, é perceber algo já emanado e evitar a sua criação e formação, através da utilização de ferramentas específicas.

O segundo é o mundo de Briá, **plano da criação**, onde tudo aquilo que já foi emanado começa a ser criado. Este é um plano crucial na definição do que passamos em nossas vidas, pois é aqui que tudo ganha um projeto e se prepara para ser formado.

O terceiro mundo é Yetsirá, o **plano da formação**, onde tudo ganha forma. Este mundo é relacionado também aos nossos núcleos emocionais. Acostumamos desde crianças a ouvir que o ser humano é um ser essencialmente racional, mas isto não corresponde à realidade. Somos acima de tudo emocionais. Repare bem quantas pessoas já foram capazes de atos maravilhosos ou atos deploráveis, por estarem dominadas por emoções de medo, amor, raiva ou alegria.

O quarto mundo é Assiá, **o plano da ação**. Este é o mundo mais aparente, o mundo físico que sentimos pelos cinco sentidos. Uma grande parcela dos seres humanos só consegue perceber este mundo e assim acredita que ele é a totalidade, sentindo-se por isso muito impotente em relação ao seu próprio destino.

Mas o entendimento desta estrutura de planos tem um objetivo além da compreensão teórica, e isto acontece quando descobrimos que só conseguimos mudanças mais definitivas e estruturais quando atingimos o plano da criação representado por Briá.

Muitas são as ferramentas cabalísticas que atuam neste plano de criação, em um estado de consciência muito sutil, onde existe a possibilidade de criarmos novamente nossa realidade. Atuando diretamente na semente criadora é possível nos livrarmos de todas as compulsões e todos os vícios, independente do tempo no qual tenhamos sido escravos delas.

Por isso muitas vezes o processo terapêutico não resolve totalmente estas compulsões. Agindo nos planos da ação e da formação a psicoterapia pode ser muito eficaz. Mas fica faltando algo, uma vez que ela não atinge o plano da criação.

Para modificar as sementes da criação são necessárias ferramentas, constituídas por poderosas meditações e orações cabalísticas, que possibilitem a transcendência de nosso ego. E somente saindo dos limites do ego, deixamos de achar que somos isto ou aquilo e podemos atingir a nossa plenitude.

OS CINCO NÍVEIS DE ALMA

A terceira preciosa informação que o estudo da árvore da vida apresenta é sobre os cinco níveis de alma em que coexistimos.

A sabedoria da cabala revela que o conceito de alma não é exatamente aquele conceito romântico, a que todos assistiram no filme *Ghost — Do outro lado da vida*, no qual um ser, ao morrer fisicamente, libera uma energia astral, algo como uma cortina de fumaça, que representaria toda a sua essência, apenas sem um corpo físico.

Em todos os textos fundamentais encontramos a descrição destes níveis de almas. Cinco diferentes níveis que se expressam em tudo o que existe no universo. Compreenderemos então que tudo que existe no universo tem uma alma. Mesmo uma pedra possui um determinado nível de alma.

Começaremos desta vez de baixo para cima, ou seja, da luz densa, traduzida em matéria, para a luz sutil.

O primeiro nível de alma é comum a tudo que existe no mundo material. É chamado **Néfesh**. Os animais, as plantas e até mesmo os objetos inanimados possuem Néfesh. Tudo que existe no mundo físico tem desejo de receber, e por isso tem Néfesh. O símbolo maior deste nível de alma no ser humano é o sangue.

O segundo nível é o da alma emocional, ou **Ruach**. Os seres humanos, os animais e as plantas possuem este nível de alma, que é responsável por sessenta por cento de nossa árvore da vida.

A partir do terceiro nível de alma somente nós, seres humanos, temos acesso. Chama-se **Neshamá**. Representa um estado bem mais evoluído de consciência, relacionado ao plano da criação. Segundo o Zohar aqui se encontra a sede de todos os arquivos cósmicos.

O quarto nível de alma chama-se **Chaiá** (Vivente). Este nível se relaciona com uma consciência suprema, que pouquíssimos seres humanos alcançam. Um nível de iluminação, também descrito em outros caminhos espirituais, acessado pela não identificação com o ego, ou seja, pelo momento em que deixamos de nos comparar e nos permitimos simplesmente ser.

Finalmente, existe um quinto nível de alma ao qual não temos acesso. É o nível de **Yechidá**, em que não existe qualquer fragmentação, um nível da unidade total. Representa um local de onde viemos e para onde iremos retornar. Você se lembra que falamos da teoria do big bang da criação descrita no Zohar? Quando o receptor, querendo também compartilhar, se contrai até explodir? Pois então, antes da explosão éramos todos uma única entidade.

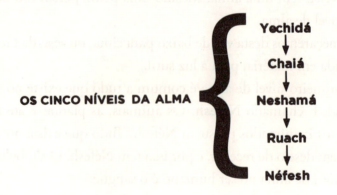

AS DEZ DIMENSÕES DO MUNDO DOS 100%

Os sábios cabalistas descobriram uma maneira de descrever o processo da criação divina dividindo-a em dez diferentes dimensões, denominadas **sefirot**.

Conhecendo o significado destas diferentes dimensões podemos compreender as partes que compõem nosso universo e tudo que nele está inserido. Ao entender os seus mecanismos você perceberá porque viver somente nesta dimensão, de um mundo aparente e percebido pelos cinco sentidos, significa viver no mundo dos dez por cento.

Recentemente a ciência confirmou esta descrição do universo e elaborou um importante tratado sobre o assunto denominado teoria das supercordas. Segundo a teoria, além das quatro dimensões já descobertas, existem seis dimensões extras que se espiralam em um espaço geométrico minúsculo, como na formação de uma corda. Assim sendo, nós viveríamos em um espaço de dez dimensões de espaço e tempo.

É interessante constatar que assim como foi com a descoberta científica do big bang, o Zohar descreveu todas estas descobertas há dois mil anos, quando a ciência ainda nem imaginava nem que a terra fosse redonda.

A seguir resumiremos as características principais de cada uma destas dimensões, nas quais vivemos em paralelo. Cada uma delas é referenciada por uma palavra-chave, que funciona como um pedaço de um mapa para a nossa autorrealização.

1ª DIMENSÃO: A ESCOLHA

A primeira dimensão é conhecida como **Malchut**, o reino do mundo físico, da matéria, onde a percepção se dá basicamente pelos cinco sentidos. Uma grande parte dos seres humanos passa a vida com apenas esta percepção, acreditando que o aparente é tudo que existe. É o que se chama viver no mundo dos 10%.

A palavra-chave nesta dimensão é a Escolha, já que tudo que nos acontece nesta vida tem relação com uma escolha prévia feita por nós mesmos. A libertação do mundo ilusório significa compreender isto plenamente e parar de atribuir à fatalidade os problemas em nossa vida.

Nesta consciência passamos a perceber o quanto cada escolha, por menor que seja, significa uma nova semente plantada para nossa vida. Podem ser escolhas grandiosas, como o rumo profissional que você seguirá em um determinado momento, mas também podem ser pequenas escolhas que fazemos todos os dias. Por exemplo, você escolherá passar o dia de hoje como apenas mais um em sua existência ou o celebrará com o agradecimento de estar presente aqui e agora e com todas as possibilidades que esta bela existência nos apresenta?

2ª DIMENSÃO: O PROPÓSITO

Ao atingir esta segunda dimensão, denominada Yessod, saímos de uma percepção puramente física do universo e ingressamos no caminho para enxergar o mundo dos cem por cento. Muitos são os seres humanos que não atingem este nível de percepção e passam a vida na superfície do aparente.

A palavra-chave aqui é Propósito, pois somente tendo-se propósitos conscientes é que podemos realizar escolhas fundamentadas. Quantas não são as pessoas bonitas, ricas, inteligentes, saudáveis, sensíveis, e que mesmo assim estão sempre insatisfeitas, porque não possuem um propósito para suas existências. Para estas os cabalistas têm uma dica: a base de qualquer propósito é o desejo de compartilhar.

3ª DIMENSÃO: O REFINAMENTO

Uma das razões para se estar vivo é fazer as coisas cada vez melhor. Mesmo que façamos uma mesma coisa por dezenas de anos, precisamos sempre estar nos aprimorando, reinventando, sentindo diferente.

Esta dimensão relacionada ao Refinamento chama-se **Hod**, e é também onde temos que aprender a perder algo. Isto porque para se refinar você precisará também se lapidar, e neste processo terá que se livrar de excessos.

Estas palavras-chaves se aplicam a absolutamente tudo. Por exemplo, imagine que você vá abrir um pequeno empreendimento. Primeiramente precisará escolher abri-lo realmente e compreender que tipo de semente estará plantando ao fazê-lo. Precisará então definir um propósito para ele. Se seu único propósito for receber lucro, há uma grande chance do novo negócio trazer não luz, mas sim um curto-circuito para sua vida. O primeiro princípio cabalístico, o de receber para compartilhar, precisa estar sempre presente.

O próximo desafio será o combate à estagnação. É necessário então estar sempre observando pequenos pontos que possam ser aprimorados. Mudanças de demanda, a observação do nível de satisfação dos clientes e funcionários. Enfim, é aqui que entra o refinamento.

4ª DIMENSÃO: A PERMANÊNCIA

A Permanência é uma das grandes chaves do caminho espiritual. Esta dimensão, denominada **Netsach**, é relacionada também à imortalidade.

É muito comum assistirmos a pessoas buscando um caminho por um ano, depois mudarem de curso, aí param de buscar, para então trocar de caminho novamente. Na verdade, muito mais importante do que a escolha do caminho A ou B, é permanecer e se aprofundar em um caminho escolhido, desde que tenha realmente afinidade com você.

Normalmente, quando achamos que estamos em um caminho luminoso surgem desafios, obstáculos aparentemente intransponíveis, que colocam todas as nossas convicções em xeque. Por isto existe uma outra palavra-chave nesta dimensão: a Confiança.

Não é por acaso que esta dimensão aparece ao lado da dimensão do refinamento na árvore da vida, uma vez que elas são realmente complementares. Uma relação afetiva duradoura, por exemplo, precisa sempre ter uma boa dose de refinamento e outra boa dose de confiança. Um casamento de muitos anos não sobrevive sem isso. Nem que seja em detalhes mínimos o casal precisa estar sempre se aprimorando. Por outro lado, certamente aparecerão alguns obstáculos difíceis, situações de monotonia, e são nessas horas que é necessário lembrar do propósito daquele relacionamento e de quanta luz ele já trouxe e ainda poderá trazer.

5ª DIMENSÃO: O EQUILÍBRIO

Nesta dimensão, denominada **Tiferet**, residem os aspectos relacionados ao equilíbrio, à beleza e à harmonia. A principal ferramenta para atingir o equilíbrio e a consciência contemplativa é a meditação, parte essencial do caminho do cabalista. Por mais que se estude, não se chega a lugar algum sem praticar a meditação.

Repare bem que todo e qualquer caminho de vida inclui a meditação. Ela aparece também no Budismo, na Yoga; mesmo em religiões tradicionais como o judaísmo e o cristianismo ela está presente, uma vez que a oração, realizada com foco, é também um importante tipo de meditação.

Mas a meditação só terá o efeito desejado se realizada com **permanência**, com **refinamento**, estando atrelada a um **propósito**, e realizada por uma **escolha** consciente. São estes exatamente os atributos das dimensões vistas até o momento.

6ª DIMENSÃO: A DISCIPLINA

Conforme vimos anteriormente, existe uma contrainteligência que nos acompanha da primeira inspiração ao último suspiro de nossa vida. Precisamos dizer não a estes nossos aspectos destrutivos para seguir em direção a uma existência plena de realização. A Disciplina, palavra-chave da dimensão de **Guevurá**, surge então como uma virtude essencial Imagine que você carregou uma compulsão durante anos de sua vida, como por exemplo o vício pela comida em excesso, e resolveu substituí-la por algo criativo e construtivo. É claro que seu opositor volta e meia tentará convencê-lo de que aquele vício tinha também seu lado positivo, ou que o momento atual é tão difícil que não dá para suportá-lo sem aquela droga. É neste momento que surgirá a necessidade desta grande virtude relacionada à dimensão de **Guevurá**: a disciplina para evitar tudo aquilo que o afasta da luz.

7ª DIMENSÃO: A MISERICÓRDIA

A dimensão denominada **Chessed** é associada à virtude da misericórdia e também ao Desejo de Compartilhar. Quando atingimos esta dimensão nos aproximamos da natureza do criador e, portanto, de nossa própria natureza divina.

A dimensão vista anteriormente, **Guevurá**, é relacionada também ao Julgamento. Assim sendo, o equilíbrio entre a dimensão de **Guevurá** e a dimensão de **Chessed** passa a ser também um equilíbrio entre o julgamento e a misericórdia. Este é um tema muito interessante dentro do conhecimento cabalístico, uma vez que ele foge de um pensamento tradicional, que prega precisarmos desenvolver apenas nossa misericórdia e "perdoar" a tudo e a todos o tempo todo.

Imagine como seria criar filhos apenas utilizando-se o dom da misericórdia? Qual seria o resultado de uma educação na qual tudo se perdoa o tempo todo e não há espaço para a disciplina e para o julgamento?

O equilíbrio entre estas duas dimensões, **Guevurá** e **Chessed**, é também um grande portal de realização, representado pelo equilíbrio entre o desejo de receber e o desejo de compartilhar.

8ª DIMENSÃO: A ALEGRIA

Jacó está morrendo na cama. Agonizando, ele chama Isaac, seu filho mais velho:
— Isaac, agora que estou morrendo quero te mostrar uma coisa. Está vendo este relógio? Foi do seu tataravô. Depois passou para o seu bisavô. Depois foi do seu avô, depois do meu pai, e agora é meu. É bonito não é Isaac?
— É, meu pai.
— Quer comprar?

Esta pequena anedota introduz o estado de espírito necessário para se atingir as dimensões do mundo infinito. Você pode ter atingido todas as virtudes anteriores e terá conquistado uma vida maravilhosa no plano da ação e também em todo seu aspecto emocional. Será com certeza uma pessoa espiritualizada e bastante realizada. Mas para atingir a dimensão do mundo infinito, denominada **Biná**, é necessário algo mais. É necessário entusiasmo e principalmente ALEGRIA.

Faça um retrospecto dos professores que você teve durante a sua vida. Não era muito mais fácil entender a matéria daqueles que a apresentavam com humor e leveza?

Existem muitas pessoas que estudam todos os dias, praticam meditação com frequência e realizam todas as conexões possíveis em seus caminhos espirituais. Mas fazendo tudo isso de maneira muito séria, com muita cobrança e com pouquíssimo humor, eles acabam se desviando do caminho.

Mesmo nos momentos mais difíceis, nas situações aparentemente sem solução, precisamos às vezes reagir com bom humor e alegria.

9ª DIMENSÃO: AUTOANULAÇÃO

Esta nona dimensão, denominada **Chochmá**, é atingida por pouquíssimas pessoas. Quando atingimos a virtude da autoanulação, e isto só é possível em *flashes*, percebemos a nós mesmos como se fôssemos uma pessoa externa. Não existe mais aquele conceito tal como:

"Ah, como estou feliz que as coisas estão tão bem para mim!"

"Ah, como estou triste porque as coisas não acontecem como eu gostaria!"

Ao se atingir **Chochmá**, o ego é totalmente anulado e a sensação de liberdade é total, mas só é possível atingir este estado por breves momentos.

10ª DIMENSÃO: A CERTEZA

Chegamos à última das dez dimensões, denominada **Keter**. Tudo que existe em nosso universo deriva da luz emanada inicialmente em **Keter**. A Certeza, virtude de **Keter**, é a mais elevada de todas as virtudes da árvore da vida, uma vez que ela transcende a lógica.

Somente atingindo todas as virtudes da árvore da vida é que podemos entender o verdadeiro significado da Certeza. E é nessa dimensão que o milagre torna-se possível, pois aqui não existem mais as limitações da matéria nem a dúvida. E a energia da dúvida é uma energia muito perigosa, porque nos remete ao medo e à estagnação, maiores obstáculos no caminho da autorrealização.

A luz emanada em **Keter** é a luz em sua forma original. Mas jamais poderíamos receber diretamente esta luz. Imagine que, em vez de ligar um aparelho de som a uma tomada, resolvêssemos conectá-lo diretamente na central elétrica. O que aconteceria? Uma explosão imediata. O mesmo aconteceria conosco se quiséssemos nos conectar diretamente à fonte de luz emanadora do universo. Por isso são necessários os filtros destas dez cortinas que acabamos de estudar.

QUANTO MAIOR O OBSTÁCULO, MAIOR A LUZ RECEBIDA

O estudo da árvore da vida ajuda-nos a desentupir nossos canais receptores para que possamos ser preenchidos pela luz que vem do mundo infinito. Mas muitas são as vezes em que não conseguimos perceber esta luz, principalmente quando nos deparamos com problemas sérios e que acabam por nos enfraquecer.

Existe uma conhecida porção da Bíblia que carrega uma lição de vida, e que é sempre atual. É a história do patriarca Abrahão. Um homem que dedicou sua vida à ética e à mística em uma história recheada de obstáculos.

Abrahão e sua esposa, Sara, carregavam uma enorme frustração por não terem tido filhos, já que ela era estéril. Como lhes causava muita tristeza a impossibilidade de procriação, a pedido de Sara, Abrahão teve um filho com a serva Agar. E assim nasceu Ismael.

Muitos anos mais tarde Abrahão receberia três hóspedes em sua tenda. Sua vida andava muito fechada, limitada, e hóspedes são sempre um sinal de movimento, da saída do tedioso processo de previsibilidade. Conversaram por horas a fio até que um deles lhe disse que ele teria um filho com Sara. Aqueles eram mensageiros do eterno, e ele sabia disso.

Sara ouviu aquilo e riu. Aquele era um casal muito especial e que enxergava muito além do aparente. Mas como poderia acreditar que ela, que sempre fora estéril, agora já velha, iria parir um filho? Não havia nenhum fundamento lógico naquelas palavras. Portanto, foi um riso cheio de emoções, em parte porque estavam atônitos pela falta de fundamento daquela profecia, e em parte de alegria, pois no íntimo sabiam que na dimensão divina tudo é possível.

De fato, alguns meses depois nasceria Isaac, o descendente desse riso repleto de significado. Este nome é um código, como quase tudo escrito na Torá, já que Isaac em hebraico significa "sorriso". Abrahão nesse momento completava cem anos de idade e parecia encontrar a completa realização em sua vida.

Anos depois, entretanto, ocorreria o episódio mais marcante de sua existência: o sacrifício do filho Isaac. Este episódio é repleto de códigos subliminares, que os cabalistas há muito decodificaram. Na verdade, o sacrifício de Isaac seria o segundo na vida de Abrahão. O primeiro sacrifício teria sido o de seu outro filho, Ismael.

Após o nascimento de Isaac, Ismael sentiu-se muito rejeitado e zombava muito de seu irmão caçula. A serva também passou a se sentir ameaçada e tratar Sara de maneira muito rude. Assim Sara acabou pedindo para o marido exilá-los.

Abrahão despediu-se com muitas lágrimas nos olhos e então exilou os dois para o Egito, terra de Agar, dando a eles provisões para a viagem. Agar em hebraico significa "estranha" e de fato, apesar de terem se juntado para ter um filho, eles eram estranhos um ao outro e por isso precisavam se separar.

No caminho, enquanto Agar e Ismael cruzavam o deserto, as provisões acabaram. Agar, chorando muito, e com medo de assistir à morte do filho, se afastou dali. A Torá relata então o aparecimento de um anjo, que disse a ela que o menino seria o guia de uma importante nação. Quando ela abriu os olhos se deparou com uma fonte de água, bem a sua frente. O menino Ismael sobreviveu, e dele descendeu a civilização árabe.

O grande milagre por trás deste episódio não se refere à fonte, mas sim à visão da fonte. O texto não menciona que Deus a tenha construído naquele momento. Ela apenas se conectou com uma consciência superior, com o mundo dos cem por cento, e assim sendo pôde ver o que já estava disponível.

Os anos se passaram, e Isaac cresceu. Os dias se repetiam, iguais. Mas Abrahão era um homem especial, um autêntico místico, e para pessoas assim não pode haver a repetição. Estas precisam estar sempre superando obstáculos e transformando a si próprias. Ele ouve então uma voz. A mesma voz que lhe indicara que teria o filho tão desejado, e também tão impossível, em sua vida. A mesma voz agora lhe pedia o sacrifício desse filho. Era a prova de uma total entrega a sua certeza, da completa autoanulação.

Durante três dias caminharam pai e filho em direção ao sacrifício. Foram momentos repletos de reflexão, silêncio, amor e tristeza. Aqueles não seriam dias comuns e repetidos. Quando chegaram ao cume não havia mais qualquer sacrifício a ser realizado. E a mesma voz lhe falou:

"Não deves ferir teu filho. Provaste a perfeição de teu amor a Deus. Por isto teu filho e os filhos do teu filho serão abençoados."

A faca não era necessária. Deus queria apenas testar a fé de seu homem, seu nível de entrega. Queria mobilizar aquela que era a relação mais intensa do mundo, de um pai e seu filho muito desejado. Trazer reflexões, resgatar o profundo e genuíno amor, a lembrança do inesgotável paraíso que é o momento vivido intensamente.

Voltaram os dois abraçados. Não eram mais os mesmos, eram novos, como Deus sempre quer que sejamos, sempre novos para nós mesmos. Mas não haveria muito tempo para descanso. Aqueles eram dois grandes homens, e para pessoas assim, os obstáculos estão sempre se apresentando, pois precisam ser superados, para então abrir um grande receptor de luz para a humanidade.

O poder de realização da Cabala

Abrahão, como todos os demais personagens bíblicos, não era um super-herói. Era um homem comum como qualquer outro, um pastor de ovelhas. E como tal cometeu erros em sua vida e carregou culpas. Não foi um homem Deus, e aí reside a marca destes personagens que protagonizaram episódios antigos, mas que são sempre atuais.

O MESTRE DA INTEGRIDADE: MOSHE LUZZATTO

Luzzatto foi um importante escritor, místico e praticante de cabala. Durante seus breves 39 anos de vida adquiriu profundos conhecimentos místicos. Insatisfeito com o conhecimento disperso ao qual tinha acesso, reuniu a sua volta, em Pádua, um círculo de estudantes com tendências místicas.

O círculo praticava em segredo as meditações de Isaac Luria e estudava o Zohar incessantemente. Abstinham-se de comer carne e mesmo de matar insetos. A compaixão e a humildade precediam qualquer experiência mística.

Luzzatto repetia as fórmulas cabalísticas luriânicas com frequência cada vez maior, até que passou a "mergulhar" nas meditações repetindo-as a cada quinze minutos. Em uma determinada noite foi despertado por uma voz que dizia: **"Vou revelar-lhe os segredos do santo rei!"**

A informação de que Luzzatto se comunicava com um Maggid do céu acabou chegando a um rabino ortodoxo, que se mostrou escandalizado com suas atividades místicas. Perseguido, Luzzatto foi obrigado a viajar com sua família para a Terra Santa, pensando que lá estaria livre para recomeçar seus estudos. Lá, entretanto, sucumbiu à peste tão logo chegou e faleceu na cidade de Acre.

A questão central elaborada por Luzzatto foi à busca de nosso ser íntegro. Ele desenvolveu alguns dos principais aspectos relacionados à conquista de uma alma íntegra: a Precaução, a Humildade, o Aperfeiçoamento e a Compaixão.

Parte 4

Transcendendo a Mente

Todos nós possuímos uma essência interior. Um estado de não mente. Nosso verdadeiro tesouro.

O homem atravessa desertos, mergulha nas profundezas dos mares e se aventura até mesmo pelo espaço para desvendar o mistério da vida. Mas se esquece de procurar no único lugar onde ele pode ser encontrado: dentro de si mesmo.

MEDITAÇÕES CABALÍSTICAS

O poder de realização da cabala começa pelo entendimento de seus princípios fundamentais: o equilíbrio entre o desejo de receber e o de compartilhar, o reconhecimento de um inimigo interno, o abandono da reatividade, a percepção do mundo dos cem por cento e também do poder que emana de cada palavra.

Mas o fato de percerbermos que existe uma contrainteligência que nos sabota, clamando por nossa reatividade, não elimina a sua existência, nem a de seus principais instrumentos de trabalho, tais como a reatividade e a palavra negativa.

Precisamos então de ferramentas que nos permitam acessar as palavras-chaves no caminho da evolução humana:

ESCOLHA,

PROPÓSITO,

REFINAMENTO,

PERMANÊNCIA,

EQUILÍBRIO,

DISCIPLINA,

MISERICÓRDIA,

ALEGRIA,

AUTOANULAÇÃO

E CERTEZA.

Através destas ferramentas poderemos contatar nosso espírito contemplativo, nosso desejo de compartilhar, enfim nossas qualidades

O poder de realização da Cabala

mais nobres. E as meditações cabalísticas são ferramentas fundamentais neste processo.

A combinação de letras sagradas em grupos de três deriva de um sistema muito poderoso denominado "**72 nomes de Deus**". Elas têm o poder de fazer a reestruturação de nossa alma. Poderíamos classificá-las como uma alta **tecnologia espiritual**.

Por muitos séculos foram mantidas em segredo por um seleto grupo de sábios cabalistas, mas já era hora destas meditações serem acessadas por um grupo maior de pessoas.

Da mesma maneira que H_2O forma uma molécula de água e CO_2 forma uma molécula de gás carbônico, a combinação destas letras em grupos de três gera potências com um enorme poder energético.

Derivadas das sequências dos 72 nomes de Deus, serão apresentadas a seguir diferentes sequências de três letras hebraicas, cada uma com um propósito específico. Foi em uma destas sequências que o médico cardiologista norte-americano meditou na inexplicável cura de seu paciente.

É interessante que ao escolher uma sequência, se trabalhe com ela pelo menos durante sete dias, uma ou mais vezes ao dia, injetando assim permanência no processo.

A meditação deve ser feita da seguinte forma:

1. Feche os olhos durante um minuto e respire lentamente, esvaziando gradativamente os pensamentos.
2. Abra os olhos e contemple as letras por aproximadamente cinco minutos, respirando de forma profunda e relaxada. Visualize sempre o contorno branco em volta da letra.
3. Opcionalmente, contemple as letras por mais dois minutos, entoando em voz alta as vocalizações correspondentes (para cada sequência é fornecida uma vocalização).

Mais uma vez é importante lembrar que você não precisa acreditar que estas meditações funcionam. Experimente por você mesmo. Dê a elas e a você apenas um voto de confiança. Injete o desejo de receber e o desejo de compartilhar. O resultado virá naturalmente.

A maneira pela qual você irá conduzir sua meditação vai ser diretamente proporcional ao resultado obtido. Portanto, tente fazê-las em um momento em que você esteja em um ambiente silencioso. Se possível, acenda um incenso ou uma vela. E o mais importante: Faça isto com alegria e não como uma obrigação. Com o passar dos dias você estará cada vez mais em sintonia com o processo.

Nas próximas páginas serão introduzidas cinco diferentes meditações extraídas dos 72 nomes de Deus. Elas são muito apropriadas para ajudar-nos a superar os problemas mais comuns que assolam a humanidade e a transformar:

- o pensamento negativo em pensamento positivo;
- a falta de prosperidade em prosperidade;
- a doença em saúde;
- a falta de afeto em amor;
- e a dúvida em certeza.

No Apêndice 2 você encontrará um breve resumo com o significado de cada um dos 72 diferentes nomes.

ELIMINAR OS PENSAMENTOS NEGATIVOS

Vocalização: Olam

Os pensamentos negativos são a origem de uma série de atitudes erradas que tomamos em nossas vidas. Sempre que agimos de uma maneira destrutiva, prejudicando uma outra pessoa ou a nós mesmos, esta ação se originou de um pensamento negativo. Você lembra da teoria das sementes? Cada pensamento negativo funciona como uma pequena semente. E quando você se dá conta, sua vida está em total desequilíbrio.

Esta sequência energética foi descoberta há milhares de anos e ajuda muito na eliminação dos comportamentos obsessivos e compulsivos, limpando a nossa mente. Medite alguns minutos sobre ela, refletindo sobre a qualidade de seus pensamentos, e posteriormente esvazie a sua mente. Reconheça cada pensamento que tiver e o liberte. Não se prenda a nenhum deles. Durante este tempo mantenha um padrão de respiração utilizando todo o ar que lhe é disponível.

ATRAINDO PROSPERIDADE

Vocalização: Seal

Esta meditação é especialmente recomendada para atrair prosperidade. Uma prosperidade não está relacionada ao quanto você ganha, mas sim ao quanto você produz e compartilha com o que ganha. A prosperidade pode ser compreendida sob diversos aspectos.

Um primeiro aspecto se refere ao sustento e à possibilidade de encontrarmos o talento que nos permita ter um ofício e que possibilite atendermos nossas necessidades materiais.

Existem, no entanto, muitos outros aspectos referentes à prosperidade e que atingem pessoas de qualquer classe social. Não são raros os casos de pessoas riquíssimas, que já têm o sustento garantido por várias gerações, e que mesmo assim perdem uma energia imensa economizando.

Este tema aflige a grande maioria da humanidade, e deixar de ser controlado por ele é uma grande libertação. Até porque é sempre bom lembrar que de material não levamos nada desta vida.

SAÚDE

Vocalização: Merrash

Produzimos movimentos de falência em nosso organismo que culminam em doenças de várias maneiras, como por exemplo:

- Guardando raiva e tristeza dentro de si. Isto acaba por gerar um desequilíbrio interno que culmina na manifestação de doenças.
- Autodestruindo-se, comendo, bebendo ou fumando em excesso.

A cabala nos ensina que a grande maioria das doenças está ligada ao nosso espírito reativo e por isso nossa saúde tem relação direta com nossa consciência. E esta meditação é recomendada para atrair esta consciência de saúde.

Quando você ou algum ente querido estiver com problemas de saúde, experimente visualizar esta sequência de letras durante alguns minutos, projetando toda a energia de cura para um copo de água. O copo deve ser de água mineral e deve ser segurado com a mão direita. Depois deve ser bebido de uma só vez.

Os antigos cabalistas já diziam que a água carregava os segredos da cura e longevidade para a espécie humana e a água é realmente uma substância ímpar. A única encontrada em três estados diferentes: líquido, sólido e gasoso, e como se não bastasse, cerca de setenta por cento da superfície do planeta e também dos seres vivos é composta por H_2O.

Existe uma pesquisa muito interessante, que pode ser encontrada no livro *A mensagem da água*, também na internet, onde o Dr. Masaru Emoto, cientista japonês, mostra o resultado da experiência que fez fotografando moléculas cristalizadas de água.

Ele demonstrou como o efeito de sons, pensamentos e sentimentos alteram a estrutura molecular da água. A técnica de sua pesquisa consistiu em expor a água a estas situações, congelá-la e depois fotografar os cristais formados pelas suas moléculas.

O trabalho foi concluído em 1999 e provou através de fotos microscópicas que a água apresenta uma mensagem essencial para o ser humano. O Dr. Emoto tirou fotos de moléculas de água submetidas a diferentes qualidades de energia, como por exemplo:

- a alguns minutos de música clássica;
- a uma corrente de oração;
- à voz de Adolph Hitler;
- extraídas de um rio poluído;
- extraídas de uma nascente.

O resultado científico não deixa nenhuma dúvida da importância de um trabalho de energização da água que ingerimos. As fotos das moléculas da água submetida à música suave ou às correntes de orações eram lindas e harmônicas, enquanto as fotos da água submetida a péssimas qualidades de energia, como por exemplo, a voz de Adolf Hitler, mostraram-se assustadoras. Já um simples "muito obrigado" mudou por completo a aparência do cristal de água.

Como setenta por cento de nosso corpo é composto de água, o resultado final do trabalho leva à conclusão de que as palavras e pensamentos ruins farão tão mal para nossa saúde quanto a água poluída, assim como as palavras e os pensamentos positivos serão para nosso corpo como a mais pura água da nascente.

Vou contar um caso verídico. Há mais de vinte anos descobri que minha gata Miau, eterna companheira, estava com altas doses de ureia no sangue, devido a um processo de insuficiência renal, associado à sua idade (nesta época ela tinha quase 16 anos). Os prognósticos de vida para ela variaram de alguns dias a alguns meses.

Como não havia medicamento que lhe pudesse ser dado nesta situação, comecei a energizar um copo de água todos os dias pela manhã (recitando também uma poderosa oração cabalista). O mais interessante nisto tudo é que ela passou a me acordar todos os dias, só sossegando após receber seu ritual de cura.

Muitos foram os que ficaram intrigados com o episódio, inclusive alguns dos maiores programas de entrevista do país, que me convidaram para falar sobre a cura da Miau. Ela viveu de forma muito saudável sete anos a mais além do seu diagnóstico inicial de "incurável".

Após este episódio muitos anos já se passaram e muitos foram os depoimentos que recebi de alunos e leitores, relatando bênçãos e milagres advindas do uso da água santificada.

AMOR

Vocalização: HaHa

Esta meditação é recomendada para equilibrar nossa energia afetiva. A energia de afeto circula dentro de nós e, portanto, somos nós os únicos responsáveis pela qualidade de pessoas que atraímos para perto de nós.

Muitas são as pessoas que se queixam de não conseguir estabilizar suas vidas afetivas. Que estão sempre sozinhas, mas quando estão com alguém ficam piores.

A grande verdade é que ninguém encontra uma alma gêmea por acaso. Para encontrar um grande amor é preciso estar pronto e preparado para amar. Uma pessoa em curto-circuito, repleta de desejo de receber só para si, não vai encontrar uma grande paixão, jamais. Vai encontrar sim um parceiro para que possa projetar todas as suas angústias e sofrimentos e assim ser responsabilizado por todas as suas insatisfações.

Meditando nesta sequência você estará ampliando sua capacidade de amar e de ser amado.

ELIMINANDO A DÚVIDA

Vocalização: Ari

Um dos maiores obstáculos para a evolução da nossa consciência é a energia de dúvida e esta meditação é especialmente recomendada para eliminar esta energia, que tanto consome, e que não leva a lugar algum.

A dúvida tem uma relação muito íntima com o medo. Você já reparou como é comum sentirmos medo quando estamos com dúvida e sentirmos dúvida quando estamos com medo? Ambos são mecanismos utilizados pela contrainteligência para nos fazer esquecer de nós mesmos.

Esta meditação também é recomendada para superar traumas causadores de padrões obsessivos, tais como ansiedade e vícios.

O MESTRE DA MEDITAÇÃO: ABRAHAM ABULAFIA

Abulafia foi provavelmente o mais revolucionário dos mestres de cabala. De uma antirracionalidade notável para sua época, ele desenvolveu uma série de manuais de permutação de letras hebraicas, base de seu trabalho.

Combinando e permutando as letras, quase sempre à noite e à luz de velas, os discípulos de Abulafia experimentavam profundas experiências místicas, intensos estados de transe. Abulafia definiu um conjunto de sete estados de alma (midot) para seus discípulos:

1) Devoção sem ambição
2) Paciência
3) Desejo de compartilhar
4) Humildade
5) Autocontrole
6) Capacidade de autoavaliação
7) Capacidade mental

Um episódio marcante de sua vida aconteceu no ano de 1280, quando ele se dirigia a Roma sem saber que o papa já havia lhe condenado à morte. Antes de entrar na cidade ele passou uma noite inteira em meditação. Quando chegou a Roma, pela manhã, foi informado de que o papa havia morrido naquela noite. Assim, Abulafia escapou da sentença de morte.

Diferentemente de seus contemporâneos, Abulafia abriu seus ensinamentos e suas práticas para todo aquele que mostrasse real interesse no caminho do autoaperfeiçoamento.

Parte 5

O PODER DE REALIZAÇÃO DA CABALA

A CADA MOMENTO UMA GRANDE OPORTUNIDADE.

A consciência de que a qualidade de nosso receptor é o grande responsável por tudo que nos acontece é fundamental no caminho da realização pessoal.

A maioria de nós passa a maior parte do tempo preocupada, desatenta às palavras que ouve e pronuncia, e desconectada do momento presente. Por isso precisamos parar e nos perguntar se estamos aproveitando esta grande oportunidade chamada vida.

PARTE 5

O PODER DE REALIZAÇÃO
DA CABALA

A CADA MOMENTO, UMA GRANDE OPORTUNIDADE

A LIBERDADE

Precisamos mais do que nunca ver através das cortinas e acessar a consciência de nossa totalidade. Abandonar a escravidão do mais aparente, do delimitado, que nos faz passar a vida repletos de insatisfações, doenças, falta de propósito e medo de compartilhar.

Existe uma história bíblica, muito conhecida, que fala desta liberdade, porta de entrada para um caminho de autorrealização. Seu personagem central chama-se Moisés, e foi quem retirou um povo da escravidão. Tudo nesta história possui um significado, uma lição de vida, a começar pelo próprio nome de Moisés, que em hebraico (Moshé) significa "retirar".

O texto conta que quando um novo faraó subiu ao trono no Egito, há cerca de 3.500 anos, decretou que todo filho homem nascido de hebreus deveria ser morto. A mãe de Moisés havia acabado de dar à luz e escondeu-o enquanto pôde. Mas quando percebeu que não seria mais possível ocultá-lo, deixou-o em uma pequena cesta às margens do rio Nilo.

A filha do Faraó encontrou o bebê e acabou criando-o com grande afeto, como se fosse seu próprio filho, com todo o conforto e acesso à educação. Um dia, já crescido, Moisés resolveu sair do palácio e ver o que se passava fora dele. Ao defender um escravo hebreu que era surrado violentamente por um egípcio, acabou matando o egípcio. E por isto teve que se afastar.

Durante o exílio, Moisés viveu em uma cidade vizinha. E foi lá que ele recebeu pela primeira vez a revelação de Deus. Moisés caminhava à luz do dia, em profundo estado meditativo, quando se deparou com uma sarça ardente. A sarça era um tipo de arbusto comum naquela região e que pegava fogo com frequência, devido ao forte calor. No entanto, o arbusto pegava fogo e jamais se consumia, mantendo-se ileso. E foi assim que Moisés pela primeira vez viu a face de Deus.

É interessante observar que a primeira revelação de Deus a Moisés se deu através de uma planta comum, em uma situação comum, quando ele olhava para baixo. Normalmente temos a ideia de que uma revelação divina deveria se dar em uma grande aparição no céu, em uma noite magnífica. Mas Deus está em todo lugar, e para aquele que está preparado, tomado pela consciência da humildade (e ele olhava para baixo), esta revelação pode se dar a qualquer momento. Todo momento pode ser especial.

Naquele momento Moisés era eleito para libertar os hebreus da escravidão. Ele questionou como poderia fazer aquilo, mas recebeu apenas como resposta do eterno: **"Eu estarei contigo."**

Nesta pequena frase há uma interpretação das mais importantes para o cabalista: a **confiança**. Por quantas vezes na vida não nos deparamos com situações de extrema dificuldade, em que aparentemente não temos como prosseguir em nossa missão? Nestes momentos, se temos um propósito verdadeiro, algo pelo qual valha realmente a pena lutar, precisamos simplesmente seguir em frente, sem considerações lógicas ou medo, apenas com a confiança de que não estamos sós.

E foi imbuído desta confiança que ele se dirigiu ao Faraó e por dez vezes pediu a libertação de seu povo. O faraó jamais o atendia. E para cada negativa uma diferente praga era enviada sobre aquela terra. Dez pragas relacionadas a cada uma das dez dimensões da árvore da vida.

O **Faraó** mencionado no texto representa nosso ego exacerbado, que nos faz esquecer que somos parte de um todo muito maior, e nos impele no desejo de receber só para nós mesmos. É a pura visão da casca. Tanto que os faraós, ao morrer, retiravam os órgãos e mumificavam o corpo, ou melhor, a casca do corpo, levando tudo que tinham com eles: o corpo mumificado, seus tesouros e até mesmo seus servos.

Os hebreus, em número de seiscentos mil, partiram em retirada. No entanto, não tardou e o faraó, em um acesso de fúria, ordenou que seus soldados perseguissem os hebreus.

A bíblia descreve então colunas de nuvens entre os hebreus. A palavra hebraica para nuvem é *av* (letras *ayin* e *beit*). Como na língua hebraica as letras também representam números, esta palavra pode ser lida também como "72" (já que o valor de *ayin* = 70 e o de *beit* = 2).

Descobriremos então que estas colunas eram na verdade os **72 nomes de Deus**, poderosa ferramenta de meditação cabalística, que, usada por alguém como Moisés, poderia realizar qualquer milagre neste mundo. E foi assim que Moisés "abriu o mar".

A tradução literal deste episódio revela que Moisés abriu o "mar do fim" (Iam Suf), que em hebraico é similar a dizer que ele abriu o "mundo infinito" (Ein Sof). Portanto, ele abriu naquele momento um receptor para o mundo infinito, e nesta dimensão qualquer milagre é possível.

Embora repleta de parábolas, o significado mais profundo por trás de toda a história da travessia dos hebreus do Egito até a Terra Prometida se refere a uma situação de escravidão, à qual a grande maioria dos seres humanos está submetida.

O **Egito** é uma palavra-código para nosso comportamento repetitivo e escravo, representado principalmente pelo desejo de receber só para si. É comum recebermos preciosos sinais do caminho que devemos tomar, e ainda assim continuarmos a cair nas mesmas armadilhas, repetindo os mesmos padrões compulsivos, e nos afastando do caminho da luz.

A **Travessia do Deserto** é o caminho longo, árduo e cheio de dificuldades, que percorremos para sair deste estado de escravidão aos nossos egos e chegar a uma nova consciência.

Finalmente, a **Terra Prometida**, ou Sion, aponta para um estado elevado de consciência, onde compreendemos o lugar que ocupamos na existência e atingimos a dimensão do amor. E neste estado não há espaço para o medo.

Mas esta história estava longe de acabar na abertura do mar, até porque fenômeno algum provoca uma real modificação na consciência das pessoas. Dias após um milagre que mudaria a história do mundo, a grande maioria do povo já estava insatisfeita, reclamando das condições do deserto, muitos questionando se a vida como escravos no Egito não era melhor.

Os hebreus caminhariam (duas vezes) por quarenta anos no deserto. O número **Quarenta** aparece muitas vezes na bíblia e se refere a uma maturidade necessária para se atingir o verdadeiro conhecimento. É preciso estar preparado para chegar à terra prometida. Na verdade, podemos acessá-la a qualquer momento, mas para sustentá-la é necessário preparo.

Sair do mundo da escravidão significa mergulhar em um mundo desconhecido, para uma travessia muito longa e difícil, e somente com propósito e determinação podemos atravessar este deserto.

TRANSPONDO OS MAIORES OBSTÁCULOS

Dentre uma sabedoria tão vasta, como esta que viemos estudando, qual seria o segredo especialmente valioso, apenas revelado para aquele que se compromete realmente com o caminho? Quais seriam os ensinamentos secretos cabalísticos, aqueles que vêm sido transmitidos sempre oralmente, de mestre para discípulo, há vários milênios?

Um segredo assim tão especial só poderia ter relação com uma questão-chave para os seres humanos. Aquilo que mexe fundo em cada um de nós. Um último e necessário obstáculo com o qual teremos que nos deparar em nossas vidas: O fim de nossa existência no mundo físico.

Nossa vida é marcada por obstáculos, confrontos que começam em nossa primeira respiração e nos acompanham até nosso último suspiro. Durante todo este percurso todos sabemos que existe um último obstáculo a nossa espera. Um confronto inerente a todo e qualquer ser vivo. Como uma sombra que nos acompanha, ele está sempre por perto. E este pensamento nos traz muito medo e tira alegria de nossas vidas.

Mas não somos apenas nós seres humanos que temos medo deste último confronto. A grande maioria dos seres vivos tem medo dele. De certa forma, até as árvores carregam este medo. Mas não há como aceitar o início e negar o fim. Um não existe sem o outro. São dois polos opostos de uma mesma energia. Um precisa do outro.

Porém a maior tragédia não é exatamente o fim de nossa existência física, mas quando ainda há oportunidade, e nós não a aproveitamos, sempre adiando para um dia seguinte.

Entender plenamente a morte é trazer consciência à vida, tornando-a intensa e radiante. Existe, no entanto, uma outra opção: o medo. Embora seja parte de nosso sistema instintivo, o medo não ajuda. Nosso medo está intimamente relacionado a uma frustração, não exatamente pelo fato de morrermos, mas por imaginar que nossa existência seja desprovida de qualquer significado. Como uma árvore que cai em meio a uma floresta. Pensamos então: que falta faríamos para o mundo?

O psicólogo Carl Jung, em *Um homem moderno à procura de uma alma*, cita o poder devastador de uma vida não significativa. Ele diagnostica o problema de grande parte de seus pacientes não como neurose, mas como resultante da falta de sentido de suas vidas vazias. Uma neurose geral de nossa época.

Talvez não seja realmente da morte o nosso grande medo. Talvez seja muito mais assustador pensar que tenhamos vivido sem ter descoberto o que é a vida. Como se antes de dormir fizéssemos uma reflexão da intensidade com que vivemos aquele dia e percebêssemos que aquele foi apenas um dia a mais, ou melhor, um dia a menos.

Quando sonhamos, nosso sonho se parece tão ou mais real do que a realidade quando estamos acordados. De repente acordamos, e aí pensamos: isto não era real. Agora sim, estou vivendo o mundo real. Mas este mundo real em que vivemos também não pode ser uma espécie de sonho? Ao acabar não pode vir à tona a mesma sensação que temos ao acordar de um sonho?

De certa forma, não existe o estar sonhando ou o estar acordado. O que existe é estar focado em uma ou outra dimensão. Quando sonhamos estamos em uma dimensão. Quando acordamos passamos a habitar outra dimensão. E quando abandonamos nosso corpo também nos dirigimos a uma outra dimensão.

O que é grave nisto tudo é que a grande maioria das pessoas escolhe passar a vida dormindo. Porque a ausência de consciência é um grande sono. Passar a vida se lamentando, falando mal dos outros, agindo de maneira reativa, enxergando apenas o mundo dos dez por cento como se fosse a totalidade, é deixar passar a oportunidade. Uma grande oportunidade que é a vida.

A presença deste último obstáculo tem então uma função. Funciona como um lembrete, em que está escrito: "Você está aproveitando esta oportunidade?"

E é plenamente possível recebê-lo sem medo, de maneira contemplativa. Os iogues chamam este estado de mahasamadhi. A derradeira vez que um iogue abandona conscientemente seu corpo.

E foi assim que um grande mestre iogue do século XX escolheu, aos 58 anos de idade, se despedir deste mundo. Durante uma festa em sua homenagem na Califórnia, Estados Unidos, realizando o desfecho de uma vida realmente significativa, para ele e para milhares de seguidores, sentou-se e entrou em profunda meditação. A última meditação.

Mas sua existência, recheada de situações miraculosas, não se encerraria por aí. Conforme descrito no livro que relata a história de sua vida, *Autobiografia de um iogue*, mesmo vinte dias após a sua morte, o corpo de Yogananda não apresentava qualquer traço de decomposição.

Yogananda conheceu a terra prometida em vida, ainda muito jovem. Percebeu muito cedo que o domínio do espaço era uma ilusão passageira e se dedicou à oportunidade de viver o tempo. Chegou um momento em que ele já tinha conhecido os maiores mistérios desta vida, já tinha influenciado e preparado muitas pessoas para dar prosseguimento a seu trabalho, e assim realizou sua passagem, da maneira que ele sempre havia anunciado, com tranquilidade e leveza.

O poder de realização da Cabala

Como Yogananda, Isaac Luria, sábio cabalista que viveu no século XVI, também deixou uma mensagem especial para nosso mundo. Luria foi um grande mestre de uma época e lugar muito especiais na história da cabala. Aos 38 anos, ele adoeceu de forma súbita e sabendo que chegara sua hora de partir, chamou os discípulos e recitou a sagrada oração "Shemá". Para surpresa de seus discípulos, ele não completou a oração.

Luria foi um justo, o que na cabala corresponde a um ser que atingiu a iluminação. Não terminar a oração era uma forma de espantar qualquer traço de vaidade. E Luria teve uma vida muito significativa. Até mesmo o seu último suspiro foi intenso e profundo.

Um mestre cabalista possui profundo grau de conhecimento sobre a essência da vida. Possui também ferramentas que permitem a ele realizar curas inexplicáveis pela ciência, e por isso denominadas milagres, já que ele atua em um mundo de totalidade, muito mais abrangente que o mundo dos dez por cento aparentes.

No entanto, o mais precioso segredo cabalístico não se encontra em nenhuma destas técnicas de cura ou milagres. O maior dos segredos vem a resgatar aquilo que traz significado e alegria para nossas vidas: nossa autorrealização.

A REALIZAÇÃO DE UMA VIDA SIGNIFICATIVA

Diferentemente do que a propaganda leva-nos a acreditar, o processo autêntico de realização não vem através de conquistas exteriores, fama ou riqueza. A verdadeira realização, aquela que vem acompanhada de saúde e bem-estar, brota de dentro de nós mesmos.

Um grande mestre da escola chassídica, Rebe Yossef Yitchak, também conhecido como o Rebe Anterior, ensinava que as coisas mais necessárias na vida são inversamente proporcionais ao seu custo.

Ele dizia que uma joia de ouro com diamantes pode valer mais do que muitas casas e obviamente não é nada essencial à manutenção da vida. Uma habitação já é algo muito mais importante, e com valor inferior ao das melhores joias. Já a comida é essencial e, por isso, é muito mais acessível que os itens descritos anteriormente. Ainda mais essencial que a comida é a água, e consequentemente é a mais barata de todos os itens. Agora, o mais essencial de tudo, aquilo que não podemos prescindir nem por cinco minutos, é o ar. E este é gratuito.

Assim também acontece com as pessoas. Faça uma breve lista das pessoas mais felizes que você conhece. Pronto? Bem, em noventa e nove por cento dos casos elas não são as mais ricas, as mais lindas, nem as mais famosas. Provavelmente, as pessoas mais felizes que você conhece são as mais generosas e que mais compartilham. Aquelas que se preocupam com os outros. Elas não tentam adquirir a felicidade. Elas encontram a felicidade como consequência de um modo de viver.

O poder de realização da Cabala

Uma história muito interessante é a do sueco Alfred Nobel, que era químico e fez fortuna ao inventar novos explosivos. Um dia seu irmão morreu e um jornal publicou, por engano, o obituário de Alfred. No texto, ele era identificado como o homem que fizera fortuna ampliando a capacidade de destruição dos exércitos.

Nobel ficou chocado ao pensar que iria ser lembrado como o mercador da destruição. A partir deste momento ele resolveu modificar em 180 graus o rumo de sua vida e passou a usar sua fortuna para criar o Prêmio Nobel, homenageando as conquistas científicas, artísticas e literárias benéficas à humanidade. E ele acabou sendo lembrado por isto, e não pelos seus explosivos.

Foi no final de sua vida que Nobel descobriu o antídoto para o medo, aprendendo a aproveitar a grande oportunidade que é a vida, vivendo-a de forma realmente significativa.

Mas quando vivemos apenas no mundo da aparência, encoberto pelas cascas, imbuídos do desejo de receber só para si e pelo comportamento reativo, começamos a sentir muito medo. Medo que acaba se traduzindo em desequilíbrio psicológico, doenças físicas e um pânico total a respeito da ideia da morte.

No entanto, quando vivemos a vida intensamente, desejando receber e compartilhar tudo o que nos for possível, de maneira contemplativa e guiados por um propósito, este medo desaparece por completo e é substituído por uma enorme confiança.

Esta confiança amadurece dentro da gente até que se transforma em certeza. Uma certeza que transcende os limites da lógica e possibilita toda e qualquer realização pessoal. Pode ser a cura de uma doença diagnosticada como incurável. Ou a saída de uma trágica situação financeira. Ou mesmo o encontro de um grande amor.

Pois nós sabemos que não existe realização segmentada. Se uma pessoa é muito bem-sucedida profissional e financeiramente, mas sua vida afetiva e familiar é um caos, ela está muito longe de ser uma pessoa realizada. Se outra pessoa está muito feliz em seu casamento, vive rodeada de amigos, mas está sempre envolvida com dívidas e dificuldades em sua sobrevivência, esta também não consegue se realizar.

Assim sendo, a verdadeira realização, aquela que envolve todas as dimensões da árvore da vida, exige acima de tudo equilíbrio. Sucesso profissional, afetivo, financeiro, material e espiritual. E isto tudo está ao alcance de todos nós. Demanda, em última instância, um grande desejo de receber e compartilhar a inesgotável luz emanada pelo mundo infinito.

O MESTRE DA CELEBRAÇÃO: BAAL SHEM TOV

A história da vida de Israel Baal Shem Tov é cercada pelo mistério. Como o fundador do movimento conhecido como Chassidismo, muitas lendas cresceram em torno dele e é difícil precisar o que realmente é fato histórico.

Baal Shem Tov nasceu na Ucrânia e seus pais faleceram quando ele era ainda uma criança muito pequena. O menino foi criado pela comunidade e recebeu a mesma educação das crianças ao seu redor, mas era diferente delas. Quando adolescente, lhe foi dado um trabalho como guarda na sinagoga local, onde teve a oportunidade de aprofundar seus estudos e, de forma secreta, se iniciar nos mistérios da cabala.

Acabou casando-se com a filha do rabino, mas devido à forte resistência de seu cunhado que não aceitava a união, mudou-se com a esposa para as montanhas, onde meditou por vários anos.

Finalmente, aos 36 anos, no ano de 1734, revelou-se ao mundo. Seu cunhado, que antes o desaprovara, reconheceu sua santidade e tornou-se seu primeiro discípulo. Baal Shem Tov tinha poderes de cura impressionantes e atraiu multidões de seguidores em busca de curas e bênçãos.

Ele enfatizou todo seu trabalho na entrega ao "aqui e agora", por meio da alegria da celebração do divino pela oração, pelo canto e pela dança. Baal Shem Tov trouxe grandes inovações ao pensamento de sua época, enfatizando que o entusiasmo, muito mais que o sofrimento, era o caminho para o homem se unir à dimensão do sagrado.

CONSIDERAÇÕES FINAIS

Os ensinamentos abordados neste livro são base fundamental de uma sabedoria de milhares de anos.

É realmente incrível que um conhecimento tão precioso tenha resistido a tantas guerras, revoluções, queda e ascensão de impérios, modificações da natureza, e mesmo a uma imensa modernização de nosso mundo. E isto não pode ser por acaso. Somente uma sabedoria muito fundamentada poderia resistir ao tempo.

Esta é uma sabedoria essencialmente prática, e por isso precisa ser experimentada. E a experiência se inicia pela observação constante de nós mesmos:

• observar se nos comportamos de maneira contemplativa ou reativa;
• observar a qualidade das palavras que proferimos e escutamos;
• observar qual o desdobramento de cada desejo nosso. Se desejamos receber para compartilhar ou somente para nós mesmos.

Em um movimento que parte de dentro para fora, a prática da cabala traz acima de tudo o entendimento de que somos causa e não efeito de tudo aquilo que nos acontece.

Existem muitas conexões que, se realizadas com entendimento, ajudam muito a lembrarmos de nós mesmos e do que estamos fazendo aqui e agora. São muitas as meditações disponíveis e é fundamental que possamos praticá-las, pois não conseguimos acessar o mundo do cem por cento apenas pela via intelectual.

E finalmente, é importante ressaltar que o cabalista precisa da referência de um grupo. É muito fácil cair no esquecimento quando estamos sozinhos. Precisamos estudar juntos e lembrar uns aos outros que temos um propósito maior nessa existência. Você pode conhecer o nosso grupo, bem como todo o nosso acervo de livros e cursos, através do endereço na internet: www.ianmecler.com.br.

Mas não esqueça! Estes ensinamentos precisam ser experimentados. Pratique-os e tenha certeza de que muita coisa em sua vida irá mudar. Existe uma dimensão de realização muito mais profunda do que o simples exercício da sobrevivência.

A seguir, você encontra um guia exclusivo com 22 salmos para injetar muita luz em sua vida. E também apêndices finais, que trazem informações de três importantes temas da sabedoria cabalística: a astrologia, a numerologia e a meditação dos 72 Nomes de Deus.

Guia de Salmos:

Salmo 04	Força de Superação
Salmo 06	Paz Interior
Salmo 23	Prosperidade
Salmo 24	Conexão com os Mestres
Salmo 26	Propósito Construtivo
Salmo 27	Confiança e Fé
Salmo 29	Foco no Aqui, Agora
Salmo 30	Cura Física
Salmo 32	Despertar da Consciência
Salmo 34	Força Espiritual
Salmo 47	Alegria
Salmo 50	Lua Nova
Salmo 62	Remover a Negatividade
Salmo 67	Paz
Salmo 90	Cura da Mente
Salmo 91	Limpeza Espiritual
Salmo 92	Shabat
Salmo 111	Amor
Salmo 112	Integridade
Salmo 121	Proteção Divina
Salmo 123	Limpeza das Cascas
Salmo 142	Força da Vida

GUIA DE SALMOS

Um conceito prioritário da Cabala é a injeção de luz diante de cada situação da vida. Nesta direção, o livro de salmos é uma verdadeira preciosidade. Os salmos são compostos de palavras de poder, um texto mágico, que traz imensa força de cura para nossa vida. Foram escritos por um homem que jamais fugiu da luta e que se tornou um mestre na transformação da sombra em Luz.

Davi nasceu há 3.000 anos, em uma época em que os profetas tinham papel decisivo na condução dos hebreus. Ele ainda era um menino, quando uma pressão de ataque dos Filisteus, que cercavam Judá, se acentuou, e Saul, o rei, caiu enfermo.

Nesta época havia um grande profeta chamado Samuel, que reconheceu as qualidades, nada aparentes, que fariam do menino o novo rei. Ele levou Davi para tocar harpa na casa de Saul. Davi entretinha Saul, que por sua vez descarregava toda a sua raiva no pequeno músico. Davi já tinha os próprios complexos. Afinal, seus irmãos eram grandes guerreiros e, por ter seguido o caminho de um pastor, Davi sentia-se em posição de inferioridade.

Ele precisava superar a ira que lhe dominava, e então, começou a colocar letras em suas músicas. As letras eram mágicas, carregavam uma miscelânea de sentimentos, mas ao fim de cada canção havia sempre uma solução: um final feliz. O efeito dos salmos entoados foi miraculoso e o rei enfim se curou. Assim nasceram os salmos.

Davi foi o único a se atrever a duelar com o gigante Golias. E não foi pela força física que ele se saiu vencedor, mas sim devido à sua astúcia e submissão à Luz de Deus. O segredo desta força está no livro de salmos por ele recebido. Há milênios eles são conhecidos por trazer um caminho para a bênção e o milagre.

Não obstante, os salmos não podem ser lidos como um texto comum. São fórmulas espirituais, concebidas na forma de cânticos, e que possuem um raro poder de acessar as esferas elevadas da existência.

Se você já leu um salmo traduzido, deve ter observado que além dos textos de rara beleza, são encontradas também palavras duras e agressivas. Mas não é o que parece. Como todos os escritos antigos, eles são protegidos por códigos, que uma vez acessados, possibilitam uma poderosa conexão com bênçãos. Portanto, quando você ler um salmo, não se preocupe em compreender a letra ou o sentido do texto.

Outro aspecto fundamental é o preparo. Faça a evocação dos salmos em um lugar adequado, sem interrupções. Seja na sua casa, de frente para o mar ou em uma floresta; o mais importante é que se estabeleça uma real conexão com o sagrado. Para isso, acalme a mente e fique alguns minutos em silêncio antes de recitá-los.

Para ser ativado, o salmo precisa ser lido em voz alta. É como se estivéssemos, de fato, conversando com o criador naquele momento. Antes das evocações, é importante que você faça a ativação da intenção pela qual aqueles salmos serão lidos. Ao fim, procure agradecer pela graça concedida, independente de ela já ter lhe sido agraciada ou não.

Por último, lembre-se que mais importante que qualquer detalhe técnico, é a fé com a qual você faz a leitura do salmo e a forma pela qual você prepara sua mente e seu coração. Nas próximas páginas preparamos um guia exclusivo com 22 salmos repletos de poder curativo.

Mas lembre-se, em suma, os salmos não funcionam sozinhos. Sua eficácia depende da dedicação e consciência de quem os pratica. Trata-se de uma importante prática espiritual, que atua na semente formadora dos hábitos e no rompimento dos processos repetitivos, injetando luz em nossa vida.

Salmo 04 - Força de Superação

Ao condutor, com melodias, um cântico de David. Quando Te invocar, responde-me oh, Elohim de minha retidão; em minha tribulação Tu me aliviaste; sede gracioso para comigo e dá ouvidos à minha oração. Filhos dos homens, até quando minha honra será desgraçada? Até quando amareis a futilidade? Até quando buscareis mentiras? Vós sabereis que o Eterno separou o homem devoto para si; o Eterno ouvirá quando eu o invocar. Tremei e não pecai; dizei em vosso coração, na vossa cama, e calai-vos eternamente. Oferecereis sacrifícios de retidão e confiança em Deus. Muitos dizem: "Quem nos mostrará a bondade?" Erguei sobre nós a luz de Teu semblante, Adonai. Tu concedeste júbilo ao meu coração, como nos tempos da abundância de vinho e trigo. Em paz, poderei deitar e dormir, pois Tu, Eterno, me manterás em segurança. Amém!

Salmo 06 - Paz Interior

Ao mestre do canto, acompanhado com música instrumental, um salmo de David. Eterno, não me castigues em Tua ira, nem; me repreendas em Teu furor. Apieda-Te de mim, oh Eterno; porque falece minha força; cura-me pois, de terror, tremem meu ossos. Abalada está minha alma; e Tu, Eterno, até quando me deixarás abandonado? Retorna, Eterno, e livra minh'alma; salva-me por Tua imensa misericórdia. Pois não se erguem louvores a Ti de entre os mortos; no "Sheol", quem Te exaltará? Estou esgotado de tanto gemer; toda noite, transbordo o leito com meu pranto, se inunda com minhas lágrimas o lugar de meu repouso. Consumidos pela aflição estão meus olhos, envelhecidos por causa dos meus inimigos. Que se afastem de mim todos os inimigos, porque o Eterno escutou a voz de meus lamentos. Ouviu minha súplica e aceitará minha oração. Todos os meus inimigos se verão frustrados e envolvidos por terror, de pronto hão de recuar envergonhados. Amém!

Salmo 23 - Prosperidade

Um cântico de David. O senhor é meu pastor, nada me faltará. Em campinas luxuriantes ele me deposita, ao lado de águas tranquilas ele me conduz. Ele restaura a minha alma. Ele me conduz sobre trilhas de justiça, em consideração ao seu nome. Embora eu caminhe no vale das sombras da morte, não temerei nenhum mal, pois Tu estás comigo. Teu bordão e Teu cajado me confortam. Tu preparas uma mesa diante de mim em plena vista dos meus atormentadores. Tu ungiste minha cabeça com óleo; minha taça transborda. Que apenas bondade e benevolência me persigam todos os dias da minha vida. E eu habitarei na Casa do senhor para todo o sempre. Amém!

Salmo 24 - Conexão com os Mestres

Salmo de Davi. Ao Eterno pertence a sua plenitude, o mundo e aqueles que nele habitam. Ele afundou sobre os mares, e a firmou sobre os rios. Quem subirá ao monte do Eterno? Quem estará no seu santo lugar? Aquele que é limpo de mãos e puro de coração, que não entrega a sua alma à vaidade, nem jura enganosamente, este receberá bênçãos, justa recompensa do Deus de sua salvação. Esta é a geração daqueles que buscam, daqueles que buscam a tua face, ó Deus de Jacó. Selá. Erguei portas, as vossas cabeças; levantai-vos, ó entradas eternas, e entrará o Rei da Glória. Quem é este Rei da Glória? O Eterno forte e poderoso, Deus poderoso na luta. Erguei portas, as vossas cabeças, levantai-vos, ó entradas eternas, e entrará o Rei da Glória. Quem é este Rei da Glória? O Eterno dos Exércitos, ele é o Rei da Glória. Selá. Amém!

Salmo 26 - Propósito Construtivo

Salmo de David. Faz-me justiça, oh Eterno, pois tenho andado em minha sinceridade; não vacilei e tenho confiado em Ti. Examina-me, Eterno, e prova-me; experimenta minha mente e meu coração. Diante dos meus olhos está a imagem de Seu amor e por Ele tracei meu caminho. Não me associo com homens vãos nem converso com os dissimulados. Abomino a companhia dos malfeitores; não me sento entre os ímpios. Lavo as minhas mãos na inocência e assim andarei, Eterno, ao redor do Teu altar. Para erguer minha voz em louvor e contar todos os Teus maravilhosos feitos. Eterno, amo a habitação da Tua casa, lugar onde permanece a Tua glória. Não julgue minha alma com os pecadores, nem a minha vida com os sanguinários, em cujas mãos carregam malefício e suborno. Caminho em minha pureza, sem mácula; livra-me e tem piedade de mim. Pelos caminhos retos andarei e, por onde estiver louvarei ao Eterno. Amém!

Salmo 27 - Confiança e Fé

De David. O Eterno é minha luz e minha salvação, a quem eu temerei? O Eterno é a fonte da força da minha vida, de quem terei medo? Quando malfeitores se aproximam para devorar minha carne, meus atormentadores e meus adversários, contra mim, são eles que tropeçam e caem. Mesmo que um exército me cercasse, meu coração não temeria. Mesmo que a guerra se erguesse contra mim, eu confio. Uma coisa pedi ao Eterno, que procurarei: que eu habite na Casa do Eterno todos os dias de minha vida, para contemplar o prazer do Eterno e meditar em seu Santuário. Sem dívida, pois Ele me guardará em Seu Abrigo no dia da aflição. No esconderijo de Sua Tenda, Ele me erguerá sobre uma rocha. Agora minha cabeça está elevada acima dos meus inimigos em volta de mim. Eu oferecerei em Sua Tenda oferendas de júbilo. Eu cantarei e entoarei louvor ao Eterno. Escuta, Eterno, minha voz quando chamo, favorece-me e responde-me. Por Tua inspiração, meu coração disse: "Procura Minha Presença". Tua Presença, Eterno, eu procuro. Não escondas Tua Presença de mim, não rejeites Teu servo em ira. Tu tens sido meu Auxiliador. Não me abandones, não me desampares, oh Deus de minha salvação. Mesmo que meu pai e minha mãe tenham me desamparado, o Eterno me acolherá. Instrui-me, Eterno, em Teu caminho e conduze-me na trilha da integridade por causa dos meus atentos adversários. Não me entregues aos desejos de meus atormentadores. Pois, eis que apareceu contra mim falso testemunho que inspira violência. Eu teria me desesperado, não fosse por minha fé perseverante na contemplação da bondade do Eterno nesta vida. Confia no Eterno, fortalece-te e Ele te dará coragem; e confia no Eterno. Amém!

Salmo 29 - Foco no Aqui, Agora

Salmo de David. Rendei ao Eterno, oh filhos dos poderosos, rendei ao Eterno glória e força. Rendei ao Eterno a glória devida ao Seu Nome; prostrai-vos ante o Eterno, que é pleno de esplendor e santidade. A voz do Eterno ressoa sobre as águas; o Deus de Glória faz trovejar, o Eterno está sobre a vastidão dos mares. A voz do Eterno se manifesta em força; a voz do Eterno se manifesta em majestade. Sua voz despedaça os cedros do Líbano. O Eterno quebrou os cedros (os reis pagãos) do Líbano; o Eterno os faz saltar como bezerros; os próprios montes do Líbano e Sirion, como filhotes. A voz do Eterno emite línguas de fogo. A voz do Eterno faz tremer o deserto de Cadesh. A voz do Eterno faz tremer as corças e convulsiona as árvores dos bosques, enquanto, no Seu Templo, tudo proclama Sua Glória. Acima do Dilúvio, estabeleceu o Eterno Seu trono e, como Rei, permanecerá pela eternidade afora. O Eterno concederá força ao Seu povo; o Eterno o abençoará com paz. Amém!

Salmo 30 - Cura Física

Salmo e cântico na dedicação da casa de Davi. Te exaltarei ó Eterno, pois Tu me reergueste e não deixaste que meus inimigos se divertissem sobre mim. Eterno, meu Deus, a Ti clamei por socorro e Tu me curaste. Eterno, tiraste-me da sepultura, prestes a descer à cova, devolvendo-me à vida. Cantem louvores ao Eterno, vocês, os seus fiéis; deem graças ao seu Santo Nome. Porque sua ira é passageira, mas o seu favor dura toda a vida. O choro pode persistir uma noite mas, de manhã, irrompe a alegria. Quando me senti seguro, disse; jamais serei abalado! Eterno, com o teu favor, deste-me firmeza como uma montanha, mas quando escondeste a Tua face, fiquei perturbado. A Ti, Senhor, clamei; ao Eterno supliquei misericórdia. Se eu descer à cova, que vantagem haverá? Acaso o pó te louvará? Proclamará a tua verdade? Ouve, Eterno, e tem misericórdia de mim; Eterno, sê o meu auxílio. Mudaste o meu pranto em dança, minhas vestes de lamento em vestes de alegria, para que o meu coração cante louvores a Ti e não se cale. Ó Eterno, meu Deus, te darei graças para sempre. Amém!

Salmo 32 - Despertar da Consciência

De Davi, um "Maskil". Bem-aventurado aquele cuja transgressão é perdoada e cujo pecado é coberto. Bem-aventurado o homem a quem o Eterno não imputa maldade, em cujo espírito não há a falsidade. Quando silenciei, envelheceram meus ossos e meus gemidos ecoavam. Porque de dia e à noite, a Tua mão pesava sobre mim, a minha força se esvanecia. Selá. Confessei-Te o meu pecado e a minha maldade não encobri. Dizia eu: "Confessarei ao Eterno as minhas transgressões" e Tu as perdoaste. Selá. Por isso, todo devoto orará a Ti, a tempo de poder Te encontrar, para que as águas revoltas não o alcancem. Tu és meu abrigo, me preservas da angústia; me envolves com alegres cânticos de salvação. Selá. Instruir-te-ei e ensinar-te-ei no caminho que deve seguir; guiar-te-Ei com os meus olhos. Não seja como o cavalo nem como a mula, que não têm entendimento, cuja boca precisa de cabresto e freio e que não se aproximam de Ti. Os sofrimentos do ímpio são muitos, mas aquele que confia no Eterno, a misericórdia o envolve. Alegrem-se em Deus e regozijai-vos, oh justos, e cantai alegremente, todos vós que sois retos de coração. Amém!

Salmo 34 - Força Espiritual

Bendirei o Eterno em todo o tempo, o seu louvor estará sempre nos meus lábios. Gloriar-se-á no Eterno a minha alma; os humildes o ouvirão e se alegrarão. Engrandecei o Eterno comigo, e todos, à uma, lhe exaltemos o nome. Busquei o Eterno, e ele me acolheu; livrou-me de todos os meus temores. Contemplai-o e sereis iluminados, e o vosso rosto jamais sofrerá vexame. Clamou este aflito, e o Eterno o ouviu e o livrou de todas as suas tribulações. O anjo do Eterno acampa-se ao redor dos que o temem e os livra. Oh! Provai e vede que o Eterno é bom; bem-aventurado o homem que nele se refugia. Temei o Eterno, vós os seus santos, pois nada falta aos que o temem. Os leõezinhos sofrem necessidade e passam fome, porém aos que buscam o Eterno bem nenhum lhes faltará. Vinde, filhos, e escutai-me; eu vos ensinarei o temor do Eterno. Quem é o homem que ama a vida e quer longevidade para ver o bem? Refreia a língua do mal e os lábios de falarem dolosamente. Aparta-te do mal e pratica o que é bom; procura a paz e empenha-te por alcançá-la. Os olhos do Eterno repousam sobre os justos, e os seus ouvidos estão abertos ao seu clamor. O rosto do Eterno está contra os que praticam o mal, para lhes extirpar da terra a memória. Clamam os justos, e o Eterno os escuta e os livra de todas as suas tribulações. Perto está o Eterno dos que têm o coração quebrantado e salva os de espírito oprimido. Muitas são as aflições do justo, mas o Eterno de todas o livra. Preserva-lhe todos os ossos, nem um deles sequer será quebrado. O infortúnio matará o ímpio, e os que odeiam o justo serão condenados. O Eterno resgata a alma dos seus servos, e dos que nele confiam nenhum será condenado. Amém!

O poder de realização da Cabala

Salmo 47 - Alegria

Para o condutor, pelos filhos de Corach, um salmo. Batam palmas de alegria, todas as nações! Cantem louvores a Deus. Pois o Eterno, o altíssimo, temível, ele é o grande Rei sobre a terra. Subjuga e nos dá força para vencer os povos. Ele escolheu nossa herança para nós, a glória de Yacov, que ele ama, Sela. Deus ascende através do toque de teruá, do som do shofar. Cantem louvores ao Eterno, cantem louvores ao nosso rei, louvem a Deus com canções, pois ele é Rei sobre toda a terra. O Eterno está sentado em seu santo trono. Os nobres das nações juntaram-se à nação do Deus de Abrahão, pois todo o poder deste mundo pertence a Deus. Ele é muitíssimo exaltado. Amém!

Salmo 50 - Lua Nova

Um salmo, por Assaf. Oh Todo-Poderoso, nosso Deus falou e convocou toda a terra, do levante ao poente. De Tsión, a beleza perfeita, ele apareceu. Que venha o nosso Deus e não se cale; um fogo devorador o precede, ao seu redor esbraveja a tempestade. Ele convoca os céus acima e a terra para julgar o seu povo. "Juntem-se a Mim, meus devotos, que fizeram uma aliança comigo através de sacrifícios". Então os céus proclamaram sua retidão, pois o Eterno é o juiz. Escuta bem meu povo e eu falarei, oh Israel, e Eu prestarei testemunho. "Eu sou o Eterno, teu Deus, Não te reprovarei pela falta de teus sacrifícios, pois tuas oferendas trazes a cada dia. Não requisito novilhos de teus cerrados, nem cabritos de teus rebanhos. Pois meu é todo animal da floresta, o gado que vagueia sobre os montes. Conheço cada ave das montanhas, cada criatura que rasteja pelos campos. Se eu tivesse fome, não te contaria, pois a mim pertence o universo e tudo que há nele. Necessito comer a carne dos novilhos ou o sangue dos cabritos? Oferece antes um sacrifício de agradecimento e cumpre teus votos para com o Altíssimo. Clama por mim no dia da aflição, eu te libertarei e tu me honrarás". Mas, para os ímpios, diz o Eterno: "Para que recitas minhas leis e tens em teus lábios as palavras da minha aliança? Tu que abominas qualquer disciplina e renegas minhas palavras. Ao encontrar um ladrão, a ele te associas e por companhia busca os adúlteros. Tua boca dedicaste ao mal e tua língua à falsidade. Assim que tu sentas, contra teu irmão tu falas, contra o filho de tua mãe espalhas desonra. Agiste assim e poderei eu ficar calado? Pensaste que Eu fosse como tu? Mas sabes que não. Censurar-te-ei e abertamente te julgarei. Compreende bem que tu esqueceste do Eterno, para que eu não te destrua sem que possas te salvar. Aquele que traz oferendas de agradecimento honra a mim; e aquele que procura sempre melhorar o seu caminho, a este mostrarei a redenção divina". Amém!

Salmo 62 - Remover a Negatividade

Ao mestre do canto, um salmo de Davi. A minha alma espera somente em Deus; pois dele vira o meu socorro. Deus é minha rocha e a minha salvação, minha defesa, que não me deixa desesperar jamais. Até quando atacareis de forma traiçoeira o homem? Que todos vocês sejam abatidos, como uma parede encurvada, uma cerca a cair. Eles somente consultam como o hão de derrubar da sua excelência; deleitam-se em mentiras; com a boca bendizem, mas em seu interior amaldiçoam. Selá. Somente por Deus espera minha alma, porque dele vem a minha esperança. Ele é a minha rocha, a minha salvação; a minha fortaleza, não me desesperarei jamais. Em Deus está a minha salvação e a minha glória; a rocha da minha fortaleza, a segurança de meu abrigo. Confiai sempre nele, ó povo meu, em todos os tempos; derramai perante ele o vosso coração. Ele é o nosso refúgio. Selá. Em vão se espalham as palavras dos homens, repletas de mentira as afirmações dos poderosos, pesadas em balanças se igualarão a vaidade. Não confieis na opressão e no roubo não deposites esperança, mesmo que cresçam, não ponhais nelas o seu coração. Uma coisa Deus falou, duas lições: que o poder pertence a Deus e que a Deus pertence a bondade, pois retribuirás a cada um, de acordo com seus atos. Amém!

Salmo 67 - Paz

Ao mestre do canto, sobre instrumentos de cordas, um salmo, um cântico. Que o Eterno nos conceda Sua graça e nos abençoe, e que faça sobre nós resplandecer Seu rosto, para que na terra seja conhecido Seu caminho, e entre todas as nações, Sua salvação. Ergam-Te graças todos os povos. Que todos eles cantem em Teu louvor. Alegrem-se e rejubilem todas as nações, porque com equidade as julgarás, e pelo caminho reto as conduzirás. Ergam-Te graças todos os povos. Que todos eles cantem em Teu louvor. Possa então a terra produzir em abundância seus frutos; possa o Eterno, nosso Deus, nos abençoar. Sim, possa Ele nos abençoar e ser reverenciado e temido até os confins da terra. Amém!

Salmo 90 - Cura da Mente

Oração de Moisés, homem de Deus. Ó Eterno, tu és o nosso refúgio, de geração em geração. Antes de nascerem os montes e de criares a terra e o universo, de eternidade a eternidade tu és Deus. Fazes os homens voltarem ao pó, dizendo: "Retornem ao pó!". De fato, mil anos para ti são como o dia de ontem que já passou, como as horas da noite. Como uma correnteza, tu arrastas os homens e conduze-os ao sono; são como a relva que brota ao amanhecer; germina e brota pela manhã, mas, à tarde, murcha e seca. Somos consumidos pela tua ira e aterrorizados pelo teu furor. Conheces as nossas iniquidades, nossos pecados secretos são expostos à luz da tua presença. Escoam-se nossos dias sob a sua reprovação; vão-se como um murmúrio. Os anos de nossa vida chegam a setenta, ou a oitenta para os que têm mais vigor; entretanto, são anos difíceis e cheios de aflições, pois a vida passa depressa, e nós voamos! O que seria orgulho e sucesso, não passa de fadiga e enfado, pois rapidamente se esvai e termina. Quem compreende o poder da tua ira? Pois o teu furor é tão grande como o temor que te é devido. Ensina-nos a contar os nossos dias a alcançar a sabedoria do coração. Volta-te para nós, Oh Eterno! Até quando teremos que esperar? Tem compaixão dos teus servos! Alimenta-nos pela manhã com o teu amor leal, e todos os nossos dias cantaremos felizes. Dá-nos alegria na proporção do tempo que nos afligiste, pelos anos em que tivemos adversidades. Revela os teus feitos aos teus servos, e cobre os seus filhos com o teu esplendor! Esteja sobre nós a sua graça. Faze prosperar a obra de nossas mãos; sim, consolida a obra de nossas mãos. Amém!

Salmo 91 - Limpeza Espiritual

Aquele que habita na morada do Altíssimo, em sua sombra descansará. Direi do Senhor: Ele é o meu Deus, o meu refúgio, a minha fortaleza, onde deposito minha confiança. Ele te livrará do laço da armadilha, da peste devastadora. Ele te cobrirá com as suas penas, e sob suas asas encontrarás abrigo; A sua verdade será o seu escudo. Não temas o terror da noite nem a seta que voa de dia, nem a peste que anda na escuridão, nem o destruidor que assola ao meio-dia. Podem cair mil ao seu lado e dez mil à tua direita, mas tu não serás atingido. Somente teus olhos contemplarão e verão a recompensa dos ímpios. Pois disseste: "Adonai é o meu refúgio. E no Altíssimo fizeste tua morada. Nenhum mal te sucederá, nem praga alguma chegará à tua tenda. Pois ele designará seus anjos para guardarem todos os seus caminhos. Te sustentarão nas suas mãos, para que não tropeces com o teu pé em qualquer pedra. Sem perigo pisarás o leão e a cobra, o filho do leão e a serpente. Porque ele me deseja, eu o livrarei; fortificar-lhe-ei porque conheces meu nome. Ele me invocará, e eu lhe responderei; eu estou com ele na aflição; dela o retirarei, e honrarei. Fartá-lo-ei com vida longa, e o farei ver meu poder salvador. Amém!

Salmo 92 - Shabat

É bom celebrar Adonai, cantar Teu nome, supremo. Relatar de manhã Teu bem querer, Tua adesão nas noites, ao alaúde, à harpa e ao murmúrio da lira. Sim, tu me regozijas, Adonai, por tua obra; júbilo ao feito de tuas mãos. Como são grandes Teus feitos, Adonai, muito profundos Teus pensamentos! O homem estúpido não o penetra, o tolo não discerne isso: à floração dos criminosos, como erva, todos os obreiros da fraude crescem para serem exterminados para sempre. Tu, altaneiro, em perenidade, Adonai! Sim eis Teus inimigos, Adonai; sim, eis Teus inimigos perderão; todos os obreiros da fraude se dividirão. Exaltas meu shofar, como o dos antílopes; estou repleto de óleo luxuriante. Meu olho observa os que me fixam; meu ouvido ouve os que se erguem contra mim, os malfeitores. O justo floresce como uma tamareira, cresce como um cedro do Líbano. Plantados na casa de Adonai, eles florescerão. Nos átrios de nosso Elohim eles prosperam na senescência, cheios de seiva e luxuriantes para relatar isto: Sim, ele é reto, Adonai, minha rocha, sem crime dentro dele. Amém!

Salmo 111 - Amor

Haleluiá, louvado seja o Eterno. Louvarei ao Eterno de todo o meu coração, em meio a congregação dos justos. Grandes são as obras do Eterno, admiradas por todos os que nelas se comprazem. Gloriosa e majestosa é sua obra e a sua justiça permanece para sempre. Fez com que as suas maravilhas fossem lembradas; clemente e misericordioso é o Eterno. Provê sustento aos que o temem; lembrar-se-á sempre da sua aliança. Revelou ao seu povo o poder das suas obras, para lhe dar a herança das nações. Verdadeiras e justas são suas obras, seguros todos os seus preceitos. Permanecem firmes para todo o sempre; feitas em verdade e retidão. Redenção enviou ao seu povo; ordenou a sua aliança para sempre; santo e tremendo é o seu nome. O temor ao Eterno e o bom entendimento de seus preceitos são o princípio da sabedoria; Seu louvor permanece para sempre. Amém!

Salmo 112 - Integridade

Haleluiá! Louvado seja o Eterno! Bem aventurado é o homem que teme o Eterno e que se dedica a cumprir seus preceitos. Poderosa na terra será sua semente, uma geração de honestos abençoada. Fartura haverá em sua casa, e sua generosidade permanece para sempre. Brilha na escuridão uma luz para os íntegros, pois Ele é misericordioso e justo. Bem haverá ao homem que tem compaixão e que auxilia a quem precisa, e que seus negócios conduz com justiça. Nunca será abalado; será sempre lembrado como justo. Não recuará com o rumor negativo, pois seu coração firmemente confia no Eterno. Ele está seguro e sem temor, e assistirá o fracasso de seus inimigos. Ele distribui aos necessitados, firme em sua bondade e com glória será exaltado. O transgressor, ao ver se revoltará e inutilmente rangerá seus dentes, pois perecerá em sua ambição. Amém!

Salmo 121 - Proteção Divina

Um cântico para ascensão. Ergo meus olhos para o alto de onde virá meu auxílio. Meu socorro vem do Eterno, o Criador dos céus e da terra. Ele não permitirá que resvale teu pé, pois jamais se omite Aquele que te guarda. Nosso guardião jamais descuida, jamais dorme, Deus é tua proteção. Como uma sombra te acompanha a Sua Destra. De dia não te molestará o sol, nem sofrerás de noite sob o brilho da lua. O Eterno te guardará de todo mal; Ele preservará tua alma. Estarás sob sua proteção ao saíres e ao voltares, desde agora e para todo o sempre. Amém!

Salmo 123 - Limpeza das Cascas

Um cântico de ascensão. Elevo meus olhos a ti, que ocupas o trono nos céus. Assim como se fixam os olhos dos servos, atentos à mão de seus senhores e como os olhos das servas estão atentos à mão de sua senhora, voltam-se também nossos olhos para o Eterno, nosso Deus, e nele ficarão fixos até que ele tenha misericórdia de nós. Misericórdia, ó Eterno! Tem misericórdia de nós! Estamos exaustos de tanto desprezo. Nossa alma está cansada de tanta zombaria dos orgulhosos e do desprezo dos arrogantes. Amém!

Salmo 142 - Força da Vida

Um maskil de David. Uma oração de quando ele estava na caverna. Com a minha voz clamo ao Eterno, com a minha voz suplico ao Eterno. Derramo a minha súplica perante a sua face; exponho minha angústia. Quando o meu espírito se angustia, tu me reconduzes com segurança, no caminho repleto de perigos, por onde ando. Olhei para a minha direita e não havia quem me conhecesse. Refúgio me faltou, ninguém para cuidar da minha alma. A ti, Eterno, clamei: Tu és o meu refúgio, e a minha porção na terra dos que vivem. Atende ao meu clamor, porque estou abatido. Livra-me dos meus perseguidores, porque são mais fortes do que eu. Resgata minha alma da prisão, para que eu possa louvar o teu nome; os justos me rodearão, pois os homens íntegros são coroados. Amém!

Apêndice 1

ASTROLOGIA CABALÍSTICA

Existe uma questão fundamental do pensamento cabalístico: entre o espaço e o tempo, escolha o tempo.

ESPAÇO × TEMPO

Para compreender o significado da astrologia cabalística precisamos primeiramente entender duas variáveis que regem toda a nossa existência física: **Espaço** e **Tempo**.

Se viermos a observar a primeira menção de santificação na Bíblia veremos que ela aparece não em relação a um objeto do espaço: um altar, um rio, ou uma montanha, mas sim na santificação de um objeto do tempo: o sétimo dia. Logo no início da Bíblia encontramos: "E farás do sétimo dia um dia santificado."

O cabalista sabe que a Bíblia é um livro divino, mas totalmente codificado. E o primeiro código implícito nesta frase é que no pensamento cabalístico o tempo é mais importante que o espaço.

A maioria de nós trabalha em consideração às coisas do espaço. Utilizando grande parte de nossa energia para o trabalho, buscamos melhores condições que nos permitam comprar uma casa melhor, dar maior segurança para a nossa família e adquirir todos os aparatos tecnológicos que a vida moderna nos propicia. Pagamos tudo isto com o nosso tempo, que se torna cada vez mais escasso.

O tempo, por sua vez, possui características bem diferentes do espaço. Cada um de nós ocupa com exclusividade uma porção de espaço. Dois corpos não ocupam um mesmo espaço. Todavia, ninguém possui o tempo. Não há momento em que eu o possua exclusivamente. Jamais conseguimos dominar o tempo. Mesmo o homem mais rico e poderoso do mundo sucumbirá ao tempo.

Depositamos assim as frustrações com a nossa fragilidade em relação ao tempo na obsessão da posse, no domínio do espaço. Mas, enquanto o homem domina o espaço, o tempo domina o homem.

Pois é diante deste dilema que surgem as fendas no tempo. A primeira delas é o sétimo dia que, não por acaso, todas as tradições adotaram. Como um grande presente do tempo, passamos a celebrar um dia para rompermos com o processo robotizado de trabalhar e consumir. Então neste dia nos é oferecida uma possibilidade adicional de entrega à alma e ao corpo. Um dia para sorrir, festejar, amar, meditar, estar com a família e os amigos. Enfim, um dia para recarregar nossas almas e ter a oportunidade de recomeçar.

Mas existem outras importantes fendas no tempo. E é aí que começamos a compreender a astrologia cabalística. Com um enfoque distinto da astrologia tradicional, onde procuramos responder as perguntas de nossa alma através de nosso mapa natal, no enfoque cabalístico o direcionamento está nas conexões que fazemos todos os meses. Assim, a cada mês nos conectamos com o que há de melhor naquela energia vigente, para podermos gradativamente nos tornar seres humanos mais completos e realizados.

As 12 qualidades de energia representadas pelos 12 signos são, na verdade, 12 partes de um ser maior, uno. Algo que só acontece na união de muitas partes, jamais na separação.

Todo o ensinamento da astrologia cabalística tem como base as 22 diferentes qualidades de energia representadas pelas 22 letras hebraicas. Estas letras possuem uma correspondência direta com todas as coisas que existem. Neste caso, os signos, os planetas e os elementos.

Estas 22 letras são divididas em três grupos:

- **3 letras mães** — Representam os quatro elementos primordiais (água, ar, fogo e terra).

- **12 letras constelações** — Representam cada uma das doze diferentes constelações.
- **7 letras planetas** — Representam cada um dos sete principais planetas. Os planetas descobertos mais recentemente não fazem parte deste estudo.

A seguir apresentaremos uma breve referência dos quatro principais elementos, representados pelas letras mães, e as doze conexões disponíveis a cada mês, representadas pelas constelações e planetas.

OS QUATRO ELEMENTOS

Os quatro elementos primordiais — Fogo, Ar, Água e Terra — estão associados a tudo que existe no mundo material, e assim sendo, cada um dos 12 signos é relacionado com um destes quatro elementos.

O Fogo — Intuição (Letra Shin) ש

O elemento Fogo está associado ao espírito, à fé, ao entusiasmo com que nos apaixonamos pela vida. É o puro prazer da expansão em busca de um significado. A energia dos signos de Fogo está relacionada à vitalidade, à espontaneidade, à alegria de viver e a uma confiança quase infantil no destino. Os signos de Fogo são:

Áries ה
Leão ט
Sagitário ס

O Ar — Pensamento (Letra Alef) א

Distanciado da natureza instintiva, relaciona-se com a capacidade de distinguir as coisas e relacionar as experiências por meio do desenvolvimento da mente e do raciocínio. Através do Ar somos capazes de comunicar a nossa experiência. A energia disponibilizada pelos signos de Ar é conhecida por um potencial mental, relacional e de comunicação. Os signos de Ar são:

Gêmeos ז
Libra ל
Aquário צ

A Água — Sentimento (Letra Mem) מ

O elemento Água está relacionado diretamente ao mundo do inconsciente, ensinando-nos sobre a subjetividade emocional. É indispensável para o ser humano, mas seu excesso costuma trazer diversos distúrbios psíquicos. A energia dos signos de Água é conhecida pelo seu potencial emocional, de transformação e transcendência. Os signos de Água são:

Câncer ח
Escorpião נ
Peixes ק

A Terra — Sensação (Alef, Mem e Shin combinadas) שמא

O elemento Terra representa o mundo dos sentidos físicos e dos objetos com os quais nos relacionamos. É a Terra que dá forma e confere solidez e estrutura a tudo o que existe. Os signos de Terra liberam uma energia de contato com a realidade do mundo material.

Eles encontram na paciência e perseverança suas principais características. Os signos de Terra são:

Touro ו
Virgem י
Capricórnio ע

UMA IMPORTANTE CONEXÃO A CADA MÊS

É um costume entre os cabalistas de todo o mundo celebrar uma meditação muito especial na entrada de cada Lua Nova. Esta é uma oportunidade de nos conectarmos à energia do signo que se apresenta e adquirir as melhores qualidades daquele padrão de energia. Neste momento plantamos a semente de todo um mês e uma conexão adequada gera frutos por todo aquele período.

A seguir apresentaremos cada um dos doze signos com seus respectivos quadros de letras para meditação.

A meditação consiste em visualizar por alguns minutos as duas letras relacionadas ao mês vigente, respirando com atenção, e permitindo receber as vibrações emanadas por elas. Esta meditação pode e deve ser estendida a todos os dias daquele mês. Lembre, no entanto, que o mês cabalista começa e termina a cada mudança de Lua Nova.

1 — ÁRIES

A energia de Áries está associada à impulsividade. O aspecto positivo desta energia se relaciona a uma maior possibilidade de se iniciar novos empreendimentos. O aspecto negativo refere-se a uma acentuação do comportamento reativo, característico do carneiro animal.

A letra Dalet está associada ao regente de Áries, Marte, planeta da luta, e representa o desejo de receber. Algumas religiões condenam o desejo de receber. O pensamento cabalístico não. Você não pode dar o que não tem. Primeiro é necessário abrir espaço para receber, pois só tendo alguma coisa para dividir, é que será capaz de compartilhar.

A letra Hei é associada a Áries. Relacionada ao pensamento e à comunicação através da consciência. A meditação nestas letras ajuda a conter nossa reatividade, ampliando também nossa capacidade de iniciar novos empreendimentos.

ÁRIES — NISSAN

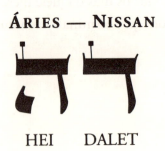

HEI   DALET

2 — TOURO

A energia de Touro é relacionada à busca de segurança e harmonia. Após o impulso inicial representado por Áries é chegada a hora de se criar um porto seguro. O aspecto positivo desta energia se relaciona à beleza e à força de equilíbrio. O aspecto de correção refere-se a um possível comportamento superficial. O taurino muitas vezes prefere não se aprofundar a deixar a casa cair.

A letra Vav é associada ao signo de Touro e representa o equilíbrio de nossa alma emocional.

A letra Pei representa a Vênus, regente de Touro, e no corpo é relacionada à boca. A meditação nestas letras aprimora a beleza em nossa capacidade de se expressar e promove uma sensação de harmonia corporal.

TOURO — IYAR

VAV   PEI

3 — GÊMEOS

Gêmeos se relaciona a uma percepção mental do mundo que jamais pode ser obtida por uma mente confusa ou agitada. Possui um aspecto muito favorável para se iniciarem novos estudos e relacionamentos. Durante este mês devemos ter uma atenção especial em manter nosso foco naquilo que desejamos, já que o geminiano se interessa facilmente pelas coisas, mas também se desinteressa com a mesma facilidade.

A letra Resh é associada a Mercúrio, regente de Gêmeos. Ela é associada à serenidade, uma vez que apenas uma mente serena pode perceber o mundo a sua volta com clareza e profundidade.

A letra Zain é associada a Gêmeos e tem a propriedade de integrar os dois mundos: espiritual e físico. A meditação nestas letras ajuda a acalmar a mente e combater a estagnação.

GÊMEOS — SIVAN

ZAIN   RESH

4 — CÂNCER

O signo de câncer tem forte relação com a emoção e com a família. No primeiro signo, Áries, surgiu o impulso. No segundo, Touro, a necessidade de segurança e harmonia. No terceiro, Gêmeos, a busca de estudos e relações. Neste quarto signo surge a necessidade de se criar uma estrutura familiar. Isto não necessariamente implica em casamento e filhos, já que nossa verdadeira família é baseada muito mais em amor do que em laços sanguíneos. O aspecto negativo que necessita atenção se relaciona ao uso de álcool e drogas em geral que podem "parecer" facilitadores para a expressão emocional.

A letra Chet representa o signo de Câncer e indica o casamento de uma letra Vav (homem) com uma letra Zain (mulher). Observe a forma da letra Chet e verifique que ela é formada por uma letra Vav e uma letra Zain.

A letra Tav representa a Lua, planeta regente de Câncer, e significa em hebraico sinal. E a Lua é mesmo um importante sinalizador para os movimentos das marés, para a agricultura, e também para o calendário cabalístico. A meditação nestas letras promove uma maior abertura emocional.

Câncer — Tamuz

TAV   CHET

5 — LEÃO

O leonino carrega uma luz muito grande e esse brilho costuma exercer um certo fascínio nas pessoas. Como tudo tem seu aspecto negativo, o leonino (e todos nós no mês de Leão) precisa ter atenção redobrada quanto a sua vaidade e quanto ao desejo de receber só para si.

A letra Teth está relacionada a Leão e ao ocultamento da luz como o de um novo ser na barriga da mãe. O próprio formato da letra sugere uma gravidez. O valor numérico desta letra é nove, indicando os meses de gestação.

Caf representa o Sol, regente de Leão, e está associada à nossa capacidade de realizar nossos potenciais, energias que carregamos desde o nosso nascimento. É importante revelar nossos talentos, não para satisfazer a vaidade, mas para compartilhar com o mundo a beleza do processo criativo, que nos torna imagem e semelhança do criador. A meditação nestas letras fortalece nossa criatividade.

Leão — Av

TETH   CAF

6 — VIRGEM

O sexto signo, representado por Virgem, é associado à crítica. Dentro do enfoque cabalístico a transformação é uma outra palavra-chave, já que a crítica é algo necessário e que precede a transformação. O aspecto negativo é a crítica indiscriminada a tudo e a todos, ou seja, o próprio Lashon Hará (maledicência).

A letra Yud, associada a Virgem, é de acordo com o Zohar a letra com a maior concentração de energia. Ela é a única letra suspensa, vencendo a energia da gravidade e portanto com maior liberdade dentro do mundo físico. Por ser suspensa ela é menos vulnerável às energias negativas, representando por isso a purificação que deveria preceder qualquer processo de transformação.

A letra Resh é associada a Mercúrio, regente de Virgem e também de Gêmeos. Ela indica a serenidade necessária para que possamos perceber o mundo a nossa volta. A meditação nestas letras promove nossa purificação.

Virgem — Elul

YUD   RESH

7 — LIBRA

No calendário cabalístico o ano-novo é celebrado no sétimo mês, exatamente no mês de Libra. O signo de Libra é caracterizado por seu enorme potencial de relacionamento. Os librianos costumam se relacionar de maneira muito harmônica com as pessoas.

O cuidado que deve ser tomado diante da energia de Libra é de se evitar a superficialidade, pois a facilidade para iniciar um relacionamento não é a mesma para aprofundá-lo.

Lamed é a letra correspondente a Libra e é a letra que mais se eleva. É associada à virtude do relacionamento interpessoal, algo que não se obtém pela leitura de livros, somente no contato com o outro.

A letra Pei é relacionada a Vênus, regente de Libra e de Touro, e no corpo é relacionada à boca. A meditação nestas letras aprimora, portanto, nossa capacidade de se relacionar com as pessoas.

LIBRA — TISHREI

LAMED   PEI

8 — ESCORPIÃO

A energia de Escorpião está associada à capacidade de transformação, mas de uma maneira diferente de Virgem. A virtude relacionada à transformação necessária de Escorpião é a humildade, um movimento interior, de abandono da vaidade, e que permite o início do movimento transformador. Este movimento interior possui no ressentimento uma perigosa contrapartida, e deve-se atentar muito para este sentimento durante este período.

Fala-se muito da sexualidade relacionada a este signo, uma vez que o ato sexual, quando realizado de maneira intensa e completa, possibilita o acesso a um tipo de energia muito elevada e transformadora.

A letra relacionada a este signo é Nun, associada à humildade, e primeira ferramenta de combate ao ego. A forma da letra sugere um servo curvado com uma coroa. Eis o verdadeiro nobre. Aquele que se curva.

A letra Dalet está associada ao regente de Escorpião e também de Áries: Marte. Planeta da luta e que representa o desejo de receber. A meditação nestas letras ajuda a atingirmos uma das mais importantes virtudes: a humildade.

ESCORPIÃO — CHESVAN

NUN   DALET

9 — SAGITÁRIO

Sagitário é o signo da busca. Busca de conhecimentos, lugares e pessoas. Uma qualidade de energia excelente para se cortar qualquer tipo de estagnação de sua vida. O perigo é se dedicar demasiadamente à busca e acabar se esquecendo de viver o presente.

A letra Samech, associada a Sagitário, fala da relação do homem com o tempo. Tem a forma de uma aliança, representando o pacto e a necessidade de se optar por estar dentro ou fora dele.

A letra Guímel é associada a Júpiter, regente de Sagitário, e representa o desejo de compartilhar. Existe um aspecto que devemos ter muita atenção em relação a Guímel. Um grande desafio: compartilhar sem necessitar qualquer reconhecimento. A meditação nestas letras favorece o entendimento dos ciclos do tempo em sua vida e corta a estagnação.

SAGITÁRIO — KISLEV

GUÍMEL   SAMECH

10 — CAPRICÓRNIO

O signo de Capricórnio é associado ao trabalho e à realização profissional, ou seja, à necessidade de se produzir algo para a sociedade. Por ser regido pelo planeta Saturno, os movimentos dos capricornianos costumam ser firmes, mas não muito rápidos. O aspecto negativo relacionado a este signo está no acúmulo da raiva, e devemos ter muita atenção a este sentimento no mês.

A letra que representa este signo é Ayin, que em hebraico significa olho. É um sentido de grande poder, com grande capacidade de abrir a consciência, e é exatamente o que fazemos quando meditamos contemplando as letras. Por outro lado, é um sentido muito vulnerável à contrainteligência, já que é também pelo olhar que se ativa a cobiça.

O planeta que rege Capricórnio é Saturno, representado pela letra Beit. É esta a letra que marca o início do processo da criação, uma vez que a Torá começa com a letra Beit (Bereshit). A meditação nestas letras reforça nossa capacidade de realização.

Capricórnio — Tevet

BEIT   AYIN

11 — AQUÁRIO

A vibração emanada pela energia de Aquário indica a necessidade do homem de definir conceitos que estabeleçam a verdade para sua existência. O aquariano precisa ter uma verdade formulada, ainda que só ele reconheça esta verdade. Por esta razão é muito perigoso ao aquariano viver isolado das pessoas porque ele precisa delas para estabelecer uma verdade mais coletiva e menos individual.

A letra relacionada a Aquário é Tsade, que significa justiça em hebraico. Dentro da cabala o justo (Tsadik) é semelhante ao iluminado no budismo ou ao santo no catolicismo.

Na astrologia cabalística o planeta que rege Aquário é o mesmo de Capricórnio, Saturno, representado pela letra Beit e também pela virtude da sabedoria. A meditação nestas letras potencializa a percepção da justiça em tudo o que acontece a nossa volta.

AQUÁRIO — SHEVAT

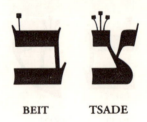

BEIT   TSADE

12 — PEIXES

Peixes é o último dos signos e o que possui a maior capacidade de transcendência. A energia positiva de Kuf atinge uma imensa capacidade de alegrar as pessoas. A negativa atinge níveis acentuados de depressão.

A letra associada a Peixes é a letra Kuf. O significado desta letra está diretamente relacionado ao significado do signo de Peixes. Aponta para uma capacidade de transcender o aparente, atingindo tanto o mundo mais elevado como o mundo inferior.

A letra Guímel é associada a Júpiter, regente de Peixes e Sagitário, e representa o desejo de compartilhar. Durante o período da Lua de Peixes devemos prestar muita atenção no quanto compartilhamos tudo aquilo que recebemos. A meditação nestas letras ajuda a despertar nossa transcendência por meio da saída dos limites de nosso ego.

Peixes — Adar

GUÍMEL   KUF

Apêndice 2

NUMEROLOGIA

Através desta numerologia a Bíblia pode ser toda convertida em números, e muitos e incríveis códigos são obtidos a partir desta técnica.

A NUMEROLOGIA E OS CÓDIGOS DA BÍBLIA

A ideia de que o mistério da formação da matéria pode ser codificado em letras é hoje plenamente aceita pela ciência, que se utiliza desta tecnologia para decifrar o DNA de todos os seres vivos. Os cientistas descobriram que toda a matéria é formada por micropartículas de energia, também denominadas elementos atômicos.

Os cabalistas já diziam isso há milhares de anos e dividiam essas partículas em 22 grupos, representados pelas 22 letras do alfabeto hebraico. Estas letras são um grande pilar do conhecimento da cabala e ao conhecê-las profundamente desvendamos importantes códigos de nosso universo.

Na língua hebraica toda letra é associada a um número. Sendo assim, toda palavra possui um peso, um valor numérico. Esta técnica, amplamente utilizada pelos cabalistas, é chamada guematria. Um tipo de numerologia muito profunda e que revela os profundos segredos por trás de cada palavra.

Através desta numerologia a Bíblia pode ser toda convertida em números, e muitos e incríveis códigos são obtidos a partir desta técnica.

Letra	Forma	Valor	Letra	Forma	Valor
Alef	א	1	Lamed	ל	30
Beit	ב	2	Mem	מ	40
Guímel	ג	3	Nun	נ	50
Dalet	ד	4	Samech	ס	60
Hei	ה	5	Ayin	ע	70
Vav	ו	6	Pei	פ	80
Zain	ז	7	Tsade	צ	90
Chet	ח	8	Kuf	ק	100
Teth	ט	9	Resh	ר	200
Yud	י	10	Shin	ש	300
Caf	כ	20	Tav	ת	400

A tabela acima contém as 22 letras hebraicas e seus respectivos valores numéricos. A partir deles toda palavra pode ser convertida em números.

Mas como funcionaria isto na prática? Vamos exemplificar utilizando a palavra Amém, sagrada confirmação utilizada ao final das orações em diversas religiões e que contém um código profundo e nada aparente, obtido através de sua numerologia.

Amém: אמן = Alef (1) + Mem (40) + Nun sofit (50) = 91.

Somando as três letras que formam a palavra Amém de acordo com seus valores numéricos (o Nun sofit é uma variação da letra Nun) obtemos o valor 91. O mesmo valor será obtido quando somarmos as letras do nome de Deus no mundo físico (Adonai) com o nome de Deus no mundo infinito (Tetragrama). Este último aparece diversas vezes no texto bíblico, tendo sido revelado há mais de três mil anos.

Nome de Deus no mundo infinito (Tetragrama):

Tetragrama: יהוה = Yud (10) + Hei (5) + Vav (6) + Hei (5) = 26.

Nome de Deus no mundo físico (Adonai):

Adonai: אדני = Alef (1) + Dalet (4) + Nun (50) + Yud (10) = 65.

Perceba que somando os valores guemátricos dos dois nomes de Deus obtemos o mesmo valor da palavra Amém.

Tetragrama (26) + Adonai (65) = Amém (91)

Esta é a razão pela qual a palavra Amém carrega um alto valor energético, com poder para elevar nossas orações do mundo físico ao mundo infinito. Existem muitas codificações como esta em todo o texto da Bíblia que, se somadas aos demais ensinamentos cabalísticos, nos permitem entender um significado muito além do aparente no texto.

Apêndice 3

OS 72 NOMES DE DEUS

A meditação dos 72 nomes de Deus auxilia em nossa libertação de um mundo escravo e limitado pelo aparente.

Explicaremos aqui como foram obtidos estes 72 nomes e como cada um deles possui uma diferente qualidade de energia, apresentando também um breve resumo do significado de cada um destes nomes sagrados.

O PROCESSO DE FORMAÇÃO
DOS 72 NOMES

A meditação dos 72 nomes de Deus é derivada do texto bíblico que narra a saída de Moisés e seu povo do Egito, mais precisamente do processo pelo qual foi conseguido o milagre da "abertura do mar".

כהת	אכא	ללה	מהש	עלם	סיט	ילי	והו
הקם	הרי	מבה	יזל	ההע	לאו	אלד	הזי
וחו	מלה	ייי	נלך	פהל	לוו	כלי	לאו
ושר	לכב	אום	ריי	שאה	ירת	האא	נתה
ייז	רהע	וזעם	אני	מנד	כוק	להח	יוז
מיה	עשל	ערי	סאל	ילה	וול	מיכ	ההה
פוי	מבה	נית	ננא	עמם	הוש	דני	והו
מוזי	ענו	יהה	ומב	מצר	הרח	ייל	נמם
מום	היי	יבמ	ראה	וזבו	איע	מנק	דמב

A tabela dos 72 nomes foi obtida pela permutação de três parágrafos desta passagem e foi a ferramenta utilizada por Moisés para realizar aquele que teria sido o maior milagre já observado na história da humanidade. Existem muitos códigos subliminares que fogem do texto bíblico literal e que foram explicados na quinta parte deste livro.

O poder de realização da Cabala

A seguir são listados estes três parágrafos do trecho bíblico original.

1º Parágrafo:

וַיִּסַּע מַלְאַךְ הָאֱלֹהִים הַהֹלֵךְ לִפְנֵי מַחֲנֵה יִשְׂרָאֵל וַיֵּלֶךְ מֵאַחֲרֵיהֶם וַיִּסַּע עַמּוּד הֶעָנָן מִפְּנֵיהֶם וַיַּעֲמֹד מֵאַחֲרֵיהֶם:

2º Parágrafo:

וַיָּבֹא בֵּין ׀ מַחֲנֵה מִצְרַיִם וּבֵין מַחֲנֵה יִשְׂרָאֵל וַיְהִי הֶעָנָן וְהַחֹשֶׁךְ וַיָּאֶר אֶת־הַלָּיְלָה וְלֹא־קָרַב זֶה אֶל־זֶה כָּל־הַלָּיְלָה:

3º Parágrafo:

וַיֵּט מֹשֶׁה אֶת־יָדוֹ עַל־הַיָּם וַיּוֹלֶךְ יְהוָה ׀ אֶת־הַיָּם בְּרוּחַ קָדִים עַזָּה כָּל־הַלַּיְלָה וַיָּשֶׂם אֶת־הַיָּם לֶחָרָבָה וַיִּבָּקְעוּ הַמָּיִם:

É interessante observar que cada um destes três parágrafos possui exatamente 72 letras. Muito mais do que o texto literal, estes parágrafos contêm uma poderosa fórmula com o poder de realizar um grande milagre também em nossas vidas. Um milagre chamado libertação.

Cada um dos 72 nomes é obtido da seguinte forma:

1ª) 1ª letra do 1º parágrafo (ו) +
72ª letra do 2º parágrafo (ה) +

1ª letra do 3º parágrafo (ו).
O resultado consiste na sequência וָהוּ.

2ª) 2ª letra do 1º parágrafo (י) +
71ª letra do 2º parágrafo (ל) +
2ª letra do 3º parágrafo (י).
O resultado consiste na sequência יְלִי.

3ª) 3ª letra do 1º parágrafo (ס) +
70ª letra do 2º parágrafo (י) +
3ª letra do 3º parágrafo (ט).
O resultado consiste na sequência סִיט.

A mesma fórmula é repetida 72 vezes, até que será formado o quadro completo dos 72 nomes de Deus. Para entender o processo pelo qual as 72 sequências foram obtidas é necessário que você fique atento ao fato de que na língua hebraica os textos são lidos da direita para a esquerda.

Nas próximas páginas apresentaremos de forma resumida o significado de cada um destes 72 nomes sagrados.

O poder de realização da Cabala

SQ	NOME	MEDITA-SE NA SEQUÊNCIA PARA
01	והו	Elevar-se mesmo nos momentos mais difíceis.
02	ילי	Vencer as energias de conflito em relacionamentos. Convocar a força da luz.
03	סיט	Criar um escudo de proteção em qualquer situação.
04	עלם	Eliminar os pensamentos negativos.
05	מהש	Atrair a cura e a saúde.
06	ללה	Criar comunicação com os mestres, também por meio dos sonhos.
07	אכא	Descobrir os mistérios do universo. Também criar proteção ao mundo material.
08	כהת	Afastar as energias negativas. Aliviar a pressão do ego.
09	הזי	Despertar alegria e misericórdia.
10	אלד	Remover o olhar negativo. Também para proteção ao sono.
11	לאו	Superar as energias negativas através da lapidação do receptor.

OS 72 NOMES DE DEUS

SQ	Nome	Medita-se na sequência para
12	הֲהֵעַ	Atrair energia de amor e afeto.
13	יֵזֵל	Enxergar a beleza e harmonia em tudo a sua volta.
14	מֵבַה	Combater a guerra que se dá fora e dentro de nós.
15	הֲרִי	Evocar a visão criativa.
16	הֲקֵם	Trazer coragem para enfrentar um problema.
17	אֵלֵו	Combater as perturbações emocionais.
18	כֵלִי	Sintonizar nosso receptor com a verdade. Fertilidade.
19	לֵוֵו	Ajudar na concentração para as orações e os estudos.
20	פֵהֵל	Afastar os vícios e despertar o melhor de nós.
21	נֵלֵך	Combater as catástrofes. Buscar as influências astrológicas mais positivas.
22	יֵיֵי	Conectar com os mestres da tradição. Atrair companhias construtivas.

O poder de realização da Cabala

SQ	Nome	Medita-se na sequência para
23	מלה	A proteção para viagens.
24	וזדו	Afastar a violência e a inveja.
25	נתה	Evocar as energias dos anjos.
26	האא	Trazer a ordem.
27	ירת	Fortalecer nosso parceiro inseparável e desarticular o ego.
28	שאה	Atrair bons parceiros nos relacionamentos. Prudência.
29	ריי	Criar o estado meditativo e combater a reatividade.
30	אום	Trazer esperança nos momentos de maior desespero.
31	לכב	A coragem e permanência no caminho.
32	ושר	Romper com os ciclos de repetição. Trazer a justiça.
33	יחו	Combater os núcleos sombrios.

OS 72 NOMES DE DEUS

SQ	Nome	Medita-se na sequência para
34	לְהֹו	Pacificar os relacionamentos.
35	כּוּק	Harmonizar as energias sexuais.
36	מִנְד	Romper com os espaços destrutivos.
37	אָנִי	Conectar com nosso eu verdadeiro, com a essência de luz.
38	וְעָם	Eliminar o desejo de receber só para si.
39	רְהַע	Proteção contra os ataques. Percepção da totalidade.
40	יֵיז	Injetar alegria e fortalecer a palavra positiva. Combate o pânico.
41	הֲהֲהֲ	Equilibrar os três pilares da árvore da vida.
42	מִיךְ	Perceber a semente por trás de cada situação.
43	וְוַל	Colocar o poder do espírito acima da matéria. Combater os vícios.
44	יְלָה	Tornar os julgamentos mais brandos.

O poder de realização da Cabala

SQ	Nome	Medita-se na sequência para
45	סאל	Atrair prosperidade.
46	ערי	Eliminar a dúvida.
47	עשל	Revelar a divindade do mundo.
48	מיה	Observar além das cascas.
49	והו	Remover o sofrimento.
50	דני	Trazer a consciência na luz do mundo infinito.
51	הוש	Remover a culpa, pela consciência e pelo arrependimento.
52	עמם	Combater o inimigo interno.
53	ננא	Estimular a criatividade sem a interferência do ego.
54	נית	Afastar o anjo da morte.
55	מבה	Realizar nossos maiores propósitos. Fertilidade.

OS 72 NOMES DE DEUS

SQ	NOME	MEDITA-SE NA SEQUÊNCIA PARA
56	פוי	Eliminar a idolatria, incluindo sentimentos negativos, como raiva e inveja.
57	נמם	Purificar a alma e combater os vícios.
58	ייל	Superar a tristeza e lhe permitir seguir adiante. Também para remover as cascas.
59	הרח	Reconectar com a fonte de luz.
60	מצר	Trazer força para atravessar o deserto.
61	ומב	Atrair os bons relacionamentos.
62	יהה	Resgatar nossa gratidão.
63	ענו	Fortalecer a mais importante das vitudes: a humildade.
64	מחי	Enxergar o mais positivo de nós mesmos.
65	דמב	Diminuir a confusão mental por meio da disciplina.
66	מנק	A cura de doenças aparentemente incuráveis.

O poder de realização da Cabala

SQ	Nome	Medita-se na sequência para
67	איע	Através da presença no momento de atingir a imortalidade.
68	וזבו	Integrar a sexualidade e o afetivo. Conexão com as almas dos justos.
69	ראה	Abrir a visão espiritual. Também para encontrar objetos perdidos.
70	יבמ	Promover a ordem no mundo material.
71	הייי	Enxergar as dez dimensões.
72	מום	Purificação das três expressões da alma: a palavra, o pensamento e a ação.

BIBLIOGRAFIA

A PSICOLOGIA DOS JUSTOS. Santa Cecília: Sêfer, 2003.
ARROYO, Stephen. *Astrologia, psicologia e os quatro elementos*. São Paulo: Pensamento, 1991.
BARYLKO, Jayme. *Luz da Cabaláh*. Recife: Exodus, 1999.
BEREZIN, Rifka. *Iniciação ao hebraico*. São Paulo: Humanitas FFLCH/USP, 2000.
BERG, Rabi Yehuda. *O poder da cabala*. Rio de Janeiro: Imago, 2001.
BONDER, Nilton. *O segredo judaico de resolução de problemas*. Rio de Janeiro: Imago, 1995.
DAHLE, Rüdiger; DETHLEFSEN, Thorwald. *A doença como caminho*. São Paulo: Cultrix, 1983.
EPSTEIN, Perle. *Cabala*: o caminho da mística judaica. São Paulo: Pensamento, 1978.
GLEISER, Marcelo. *Retalhos cósmicos*. São Paulo: Cia. das letras, 1999.
GOLEMAN, Daniel. *A mente meditativa*. São Paulo: Ática, 1988.
GRYLAK, Moshe. *Reflexões sobre a torá*. Santa Cecília: Sêfer, 1988.
GURDJIEFF, G. I. *Gurdjieff fala a seus alunos*. São Paulo: Pensamento, 1973.
_____. *Encontros com homens notáveis*. São Paulo: Pensamento, 2011.
HASTINGS, Selina. *Bíblia ilustrada*. São Paulo: Ática, 1994.
HESCHEL, Abraham Joshua. *O Schabat* (1951). São Paulo: Perspectiva, 2000.
IOCHAI, Rabi Shimon Bar. *Zohar*. Copyright by Wal Cortinhas 5764-2004.
KAPLAN, Arich. *Sêfer Ietsirá*: o livro da criação. Santa Cecília: Sêfer, 1990.
_____. *the Bahir Illumination*. Cape Neddick: Weiser Books, 1998.
LUZZATTO, Moshe Chain. *O caminho dos justos*. Santa Cecília: Sêfer, 1996.
MECLER, Ian. *A Cabala e a arte de ser feliz*. Rio de Janeiro: Sextante, 2006.
_____. *A força: o poder dos Anjos da Cabala*. Rio de Janeiro: Record, 2009.
_____. *As dez leis da realização*. Rio de Janeiro: Record, 2009.
_____. *Aqui, agora: o encontro de Jesus, Moisés e Buda*. Rio de Janeiro: Record, 2010.
MELAMED, Meir Matzliah. *torá a lei de Moisés*. Santa Cecília: Sêfer. S/D.
MICHAAN, Rabino Isaac. *Palavras do coração*. São Paulo: Colel, 1996.

OSHO. *Nem água, nem lua*. São Paulo: Pensamento,1975.
_____. *O livro do homem*. São Paulo: Ícone,1997.
_____. *O livro Orange*. São Paulo: Cultrix,1980.
_____. *the Book of Wisdom*, 19. Berkeley: Pub Group West, 2009.
OUSPENSKY, P.D. *Fragmentos de um ensinamento desconhecido*. São Paulo: Pensamento,1995.
PACUDA, Bachia Ibn.*Os deveres do coração*. Santa Cecília: Sêfer,1996.
RIBEIRO, Anna Maria da Costa. *Conhecimentos de astrologia*. Rio de Janeiro: Hipocampo, 1986.
WOLF, Rabino Laibl. *Cabala prática*. São Paulo: Maayanot, s/d.
YOGANANDA, Paramahansa. *Autobiografia de um iogue*. Rio de Janeiro: Lótus do Saber, 1999.
ZUKERWAR, Chaim David. *As três dimensões da kabala*. Santa Cecília: Sêfer, 1997.
ZYLBERSZTAJN, Abram. *As melhores piadas do humor judaico*. Paris: Garamond, 2001.

Este livro foi composto na tipografia
Adobe Garamond Pro, em corpo 12,5/17, e impresso
em papel off-white no Sistema Cameron da
Divisão Gráfica da Distribuidora Record.